# JOSEFINA

# JOSEFINA

BENITO DE ANDRÉS LORIENTE

Copyright © EDIMAT LIBROS, S. A.
C/ Primavera, 35
Polígono Industrial El Malvar
28500 Arganda del Rey
MADRID-ESPAÑA
www.edimat.es



ISBN: 84-9764-739-4
Depósito legal: M-28404-2005

Colección: Mujeres en la historia
Título: Josefina
Autor: Benito de Andrés Loriente
Coordinador general: Felipe Sen
Coordinador de colección: Mar de Ventura Fernández
Diseño de cubierta: Juan Manuel Domínguez
Impreso en: LÁVEL

IMPRESO EN ESPAÑA – *PRINTED IN SPAIN*

# ÍNDICE

# INTRODUCCIÓN

Mujer inteligente, generosa, amante del lujo y los placeres, Marie-Josehp-Rose, conocida por todos como Josefina, es protagonista de una de las trayectorias vitales más apasionantes de su época. Sobre su figura se han expuesto opiniones muy distintas, siendo al mismo tiempo alabada y criticada. La historia ha conservado de ella la imagen de una mujer bella y caprichosa, dotada de una sensualidad cuyos secretos a todos se nos escapan. Josefina, sin duda, ejerce sobre sus dos maridos una atracción irresistible, de la que dan prueba las apasionadas cartas que le dirigían.

En el gran mundo de la vida cortesana demuestra su gracia natural y su increible encanto. En este escenario, exterioriza su don de gentes, su carácter abierto y bondadoso, al tiempo que nos hace testigos del trato con sus amistades, de cómo maneja las influencias y se hace indispensable. Para Josefina es fundamental el reconocimiento social, ámbito en el que se siente muy cómoda pues le permite satisfacer su gusto por las cosas mundanas.

Desde su primer matrimonio, Josefina aprovecha para ampliar su círculo de amistades y acercarse a las esferas del poder, situándose a la sombra, sin ejercerlo directamente. Tiene veintiocho años y, hasta su muerte en 1814, nada logrará apartarla de esta posición. Josefina consigue estar en todas partes, introducirse en los círculos más opuestos, ya sean revolucionarios o contrarrevolucionarios. Mujer de todos los partidos es una figura crucial como nexo entre el Antiguo Régimen y la Francia revolucionaria.

A pesar de su condición de advenediza, cuando llega el Imperio, Josefina no parece en ningún momento fuera de lugar en su nueva condición, desenvolviéndose con su naturalidad habitual, sin estar nunca fuera de lugar. Josefina adquiere una soltura de soberana sin haber seguido para ello una preparación especial; ha aprendido a desenvolverse en escena: la vida es un teatro en el que ama actuar. Debido a la dignidad de su actitud se hace respetar por los príncipes extranjeros. Josefina no pronuncia una palabra fuera de lugar y esos soberanos hechos al refinamiento de la Corte, admiran en ella una naturalidad de comportamiento y unas maneras distinguidas, que en ocasiones no encuentran en el propio Rey.

En los momentos en que Napoleón se enfrenta a la tarea de seducir a quienes tienen que confiarle el poder, encuentra en Josefina una aliada perfecta, que le sirve de embajadora oculta ante los miembros del Gobierno y de las Asambleas, al tiempo que establece contacto con los medios financieros; es, sin duda alguna, una gran diplomática. La labor llevada a cabo por Josefina el 18 brumario es fundamental. Ella gana a tres de los cinco directores para la causa de Bonaparte. Las veladas en su casa sirven para preperar los planes y reunir a los protagonistas. Josefina goza reuniendo a su alrededor a personas de la antigua nobleza, lo que le otorga un papel importante en la política de pacificación de Bonaparte, siendo la intercesora oficial de los emigrados. Pone además en práctica una calculada apertura hacia los realistas de cualquier extracción.

Incapaz de permanecer indiferente ante las dificultades de los demás, despliega toda su capacidad de seducción para complacer a sus parientes, personas cercanas y, en ocasiones, a desconocidos. Difícilmente podemos encontrar una persona que haya escrito más cartas de recomendación que Josefina; en la mayoría de los casos cumplen su objetivo, constituyendo una parte de su vida cotidiana. En realidad es una tarea que le agrada, le gusta aliviar el sufrimiento y dedica a ello mucho dinero y parte de su tiempo.

# I. LLEGA A FRANCIA DESDE LA APACIBLE MARTINICA

Los Tascher pertenecen a una destacada familia de Blois, de antiguo linaje y nobleza atestiguada desde mediados del siglo XV, aunque ellos pretendan remontarse al siglo XII. Forman parte de la nobleza de espada que por tradición entra al servicio del Rey. A lo largo de su existencia han llevado a cabo algunas bodas con hijas de nobles casas, pero sin poder construir un próspero patrimonio familiar. Sus actos de armas les cuestan muy caros; es el precio que deben pagar por su devoción al Rey. De esa devoción y de ese honor surgen las contradicciones de su infortunio.

En las primeras décadas del siglo XVIII son muchos los que sueñan con mejorar su posición en el nuevo continente. En 1726 desembarca en la Martinica Gaspard-Joseph de Tascher, señor de la Pagerie, esperando hacer fortuna. En aquellos momentos, estaba lejos de imaginar por un instante que una de sus nietas se convertiría en la emperatriz de Francia. Gaspard-Joseph tiene buenas razones para intentar la aventura de las islas, pero, sin ningún capital inicial, necesario para la adquisición de mano de obra esclava, y sin relaciones para obtener buenas tierras, es difícil enriquecerse. Al carecer de estas condiciones fundamentales, Gaspard-Joseph de Tascher se ve en la necesidad de buscar trabajo para salir adelante. En esa precaria situación, venido a menos en su dignidad de noble, el Congreso Soberano de la isla le exige que registre sus títulos, si no quiere perder sus derechos y privilegios.

Gaspard-Joseph de Tascher se casa con Marie-Françoise Boureau de la Chevalerie en 1734. Su esposa aporta algunos bienes en la isla de Santa Lucía y en el Carbet, donde se instalará la pareja. Pero el señor de Tascher demuestra su incompetencia para los negocios. Se acumulan las deudas, los bienes son hipotecados y embargados.

Desposeída, la familia va a instalarse a Port-Royal. Mientras tanto, Gaspard-Joseph y su mujer han tenido varios hijos: dos varones, Joseph-Gaspard y Robert-Marguerite, y tres mujeres, Marie-Euphémie-Désirée, Marie-Paule y Marie-Françoise-Rose. Pero el sueño americano se ha desvanecido y la pobreza es evidente. Para superar ese momento difícil el señor de Tascher tendrá que recurrir a su hermano, el abate de Tascher. El eclesiástico obtendrá para el mayor de sus sobrinos un puesto de paje en la casa de María Josefa de Sajonia, madre del futuro Luis XVI. El joven Joseph-Gaspard abandona la Martinica en 1751 y entra al servicio de la delfina. Cuatro años más tarde saldrá con el título de alférez.

Todas las colonias francesas estaban siendo objeto, por aquel entonces, de los preparativos de un plan general de ataque urdido por Inglaterra. Francia, por su lado, que no ignoraba los planes de Londres, organiza la defensa de las Antillas. En noviembre de 1756, nombra nuevo gobernador y lugarteniente general de las islas de Martinica, Guadalupe y de las posesiones francesas de las Antillas a François de Beauharnais, hombre de cuarenta y dos años, enérgico y competente. La nobleza de los Beauharnais era de toga y se remontaba a poco más allá del siglo XV en la región de Orleáns, cuna de la familia. Los Beauharnais tenían parientes en importantes puestos del Estado, hábiles alianzas y una cuidadosa administración de sus bienes. La carrera de las armas comenzó para ellos en el siglo XVII y bastaron dos generaciones para que su nombre fuese reconocido en la marina. Claude, el padre de François, es capitán de navío, casado con Mademoiselle de Hardouineau, rica heredera, cuya familia posee importantes plantaciones en Santo Domingo. El nuevo gobernador dispone de cien mil libras de renta personal, aparte de sus emolumentos de ciento cincuenta mil libras, en momentos en que los Tascher, agobiados económicamente, se hallan marginados de su condición social. Entre ambas familias nobles, originarias de la misma provincia, surgen relaciones. Gaspard-Joseph solicita al nuevo gobernador colocación para sus hijas y Désirée entra en la casa de los Beauharnais como dama de compañía de su joven esposa, y con el tiempo se convierte en amante del gobernador. Haciendo uso de sus buenas relaciones el gobernador intenta conseguir para su amante una unión ventajosa. Después de superar ciertas reticencias, logra que Désirée se case con Alexis de Renaudin, heredero de una importante fortuna. Desde este momento

*Josefina, la «esposa incomparable» según decía Napoleón, aunque sus desavenencias serían múltiples.*

la joven Desirée, convertida en Madame de Renaudin, interviene a favor de los suyos.

Mientras tanto, François de Beauharnais es acusado y sometido a consejo de guerra por su negligente actuación durante el ataque inglés a Guadalupe. El acusado, pese a sus poderosos apoyos, es condenado a degradación y a prisión en Francia. Para permanecer en la Martinica, Beauharnais, pone como pretexto el embarazo de su mujer. El 28 de mayo de 1760, en Fort-Royal, Madame de Beauharnais da a luz un varón que se llamará Alejandro Francisco María. A pesar de todo, en abril de 1761 tiene que resignarse a partir hacia Francia: Madame de Renaudin había partido con anterioridad. El niño, para no correr los riesgos de la travesía, queda al cuidado de Madame de Tascher. Madame de Renaudin, antes de su partida, tiene tiempo para concertar la boda de su hermano mayor, Joseph-Gaspard, con Rose-Claire des Vergers de Sannois, que tendrá lugar el 9 de noviembre de 1761. La joven novia aporta como dote bienes inmobiliarios en Sainte-Lucie y en Trois-Îlets, donde se instala la pareja.

Al igual que su padre, Joseph-Gaspard tiene problemas económicos y se endeuda. Solicita una ayuda a la Corte como recompensa por sus servicios. François de Beauharnais, nuevo marqués, interviene en su favor y aboga por él en Versalles. La administración se muestra generosa y le dispensa una pensión de cuatrocientas cincuenta libras. Aporte económico que viene muy bien en un momento de especial penuria, pues La Pagerie, nombre que recibe la plantación de Joseph-Gaspard, había sido víctima de un ciclón, que ocasionó grandes daños en la plantación y también en la vivienda principal. Mientras todo esto tenía lugar, la familia había aumentado.

El 23 de junio de 1763, Madame de la Pagerie había dado a luz una niña a la que dio el nombre de Marie-Joseph-Rose, la futura Josefina, que debe sus nombres a su abuelo materno Joseph des Vergers de Sannois y a su abuela paterna Marie-Françoise Boureau de la Chevalerie. La seguirán otras dos niñas: Catherine Désirée en 1764 y Marie-Françoise en 1766. Sus padres hubieran deseado que su primer descendiente fuese varón; aunque, por otro lado, su madre no cree en la pretenciosa superioridad masculina y reivindica la igualdad e incluso la preeminencia de cualidades en la mujer respecto al varón. La pequeña Marie-Joseph-Rose, familiarmente apodada Yeyette, diminutivo que nunca dejará de utilizar en la correspondencia con su madre, crece en un ambiente de mujeres, rodeada de sus hermanas, la abuela Tascher, las esclavas y su nodriza Marion. Gran parte de los primeros años de la vida de Josefina han quedado en el olvido. Ella misma contribuye a potenciar este oscurantismo eligiendo con cuidado una serie de anécdotas, a las que recurrirá para dar forma a una leyenda que ella mantiene y que en ocasiones le sirve de protección. El resto de esa primera época permanecerá oculta, lo que ha dado lugar a numerosas elucubraciones y conjeturas, pero nada realmente satisfactorio. Se puede decir que esta época ha inspirado maliciosamente a algunos de sus biógrafos que, con el pretexto de que había crecido en los trópicos, en el corazón de una naturaleza generosa y florida, rodeada de esclavos, la han descrito como una salvaje, librada a sus propios medios bajo la custodia indulgente de la mulata Marion. Afirmar tal cosa es un disparate y delata el desconocimiento de la realidad social y económica de la aristocracia de las islas, que vive, en la Martinica como en todas partes, de acuerdo con los códigos y las normas universales de la nobleza del siglo XVIII. No perdamos de vista que los Tascher —de linaje muy antiguo y emparentados con Belait d'Esnambuc, el conquistador de las Antillas francesas— pueden dar testimonio de suficiente alcurnia para pretender los honores de la Corte; que un tío abuelo canónigo, François-Stanislas-Marie, Vizconde-abad de Abbeville, ha ocupado en Versalles el cargo de capellán de la segunda delfina, Marie-Josèphe de Saxe, madre de Luis XVI; que sus dos sobrinos, Joseph-Gaspard y Robert-Marguerite, han sido situados por él como pajes en la casa de su protectora; que Joseph-Gaspard entró en Fort-Royal con el orgullo de haber sido distinguido por el Rey y de haberlo tratado de forma cotidiana durante casi cuatro años.

Preocupada por la formación de sus hijas, Madame de la Pagerie lleva en 1773 a Josefina y a su hermana menor al convento de las Damas de la Providencia, donde las jóvenes reciben instrucción y son educadas en los preceptos de la religión y las buenas costumbres. La escuela tiene la misión de inculcar en las jóvenes el pudor y la modestia de sentimientos que son propios de su sexo, esa dulzura y bondad de carácter que hacen el encanto de la sociedad, ese amor al trabajo, al orden y a la economía, que son el pilar de una casa. Salvo en este último punto, la enseñanza recibida por Josefina resultó provechosa. Aprende a cuidar sus modales, su manera de caminar, su apariencia. Lo que algunos destacan como rasgos de su carácter: su bondad y su gracia natural fueron potenciados en el convento. Esta enseñanza le servirá cuando tenga que animar la Corte imperial. Sin embargo, más preocupadas en formar virtuosas católicas que mujeres cultas, las religiosas descuidaban bastante la instrucción en otros campos. Josefina, aunque tenía inclinación al estudio, aprendió solamente a leer y a contar. Pero el interés que demostró más adelante por las ciencias naturales y la botánica dan testimonio de su curiosidad intelectual, de una mente abierta y nada fútil, en contra de lo que a menudo han divulgado sus detractores. Josefina permaneció en el convento hasta 1777.

Las lecciones de las religiosas despiertan en Josefina una particular predilección por lo mundano, que se acentúa aún más cuando comienza a frecuentar, en Port-Royal, el salón de su tío, capitán de puerto y teniente de navío, criollo influyente que no deja pasar las muchas ocasiones de relacionarse con los dueños de las plantaciones que acuden a hacer negocio en la capital de la colonia. Debido a esto, su tío se haya en estrecho contacto con la alta sociedad insular, y Yeyette asiste a sus recepciones, que le permiten saborear las modas parisinas por anticipado.

Además, las visitas incesantes de las buenas familias de la Martinica a la mansión Tascher rompen la monotonía de la existencia de Josefina y refinan su gusto innato por el mundo y los buenos modales. Bajo la dirección de su madre y control de su abuela, ha comenzado el aprendizaje como ama de casa. La vida no es triste ni uniforme en Trois-Îlets. Los Tascher, al igual que todos los colonos, sin llevar un tren de vida muy dispendioso reciben frecuentes invitados; su mesa se halla abierta a los parientes, a los amigos de la ciudad, a los vecinos, a todos los que llegan.

Por otro lado, el marqués de Beauharnais saca a su hijo Alejandro de la tutela de Madame de Tascher en 1769 y le hace ir a Francia. Al llegar a París el niño se entera de la muerte de su madre. El pequeño será bautizado nada más llegar de la Martinica. Desirée se convierte en su madrina, al tiempo que se siente tocada por el instinto maternal hacia el hijo de su amante, con quien se casará en 1796, asumiendo el papel de madre con amor y responsabilidad. Desirée supervisará la educación de Alejandro y será su confidente en sus primeros desengaños amorosos. Entre ambos tiene lugar una prolongada complicidad.

Monsieur de Beauharnais contrata los servicios del ex profesor de matemáticas Antoine Patricol para que supervise los estudios de sus hijos. Del mismo modo, el duque Louis-Alexandre de La Rochefoucauld, perteneciente a una de las casas nobles más importantes del reino, busca preceptor para sus sobrinos y contrata los servicios de Patricol. Así pues, de la mano de su preceptor, Alejandro se incorpora en 1775 al ambiente rico y abierto de la alta aristocracia. Se introduce en una sociedad que le interesa; modela su comportamiento copiando el de sus protectores, cuyos modales y formas de vida adopta. Comparte los estudios y las diversiones con sus compañeros. Le apasiona la astronomía; el duque le presta su telescopio para observar los astros. En cuanto a la diversión, Alejandro es un apasionado del baile y un gran bailarín.

Alejandro es nombrado subteniente en 1777, gracias a la protección del duque. Louis-Alexandre de la Rochefoucauld se torna para él en un guía y referente moral. En cuanto a su carrera política, va tras las huellas de su preceptor, al que seguirá en su aventura revolucionaria. Enviado en 1778 a una guarnición en Bretaña, se queja de aburrimiento. La reanudación de las hostilidades con Inglaterra rompen de momento la monotonía y, lejos de inquietarse, se reconforta con la perspectiva de una guerra donde saciar su sed de acción y cubrirse de gloria en hazañas heroicas. Pero el azar o los imperativos de la política exterior le privan de sus deseos y de la posibilidad de un brillante porvenir. Alejandro, sin saber muy bien qué hacer y algo desorientado, se entrega de lleno a otro tipo de conquistas, menos heroicas pero más placenteras.

Tiene algo de libertino, rasgo típico de muchos aristócratas desocupados. Se entretiene con hermosas mujeres con las que descubre el amor y la amistad. Se sincera con su madrina, la cual manifiesta una curiosidad cómplice y lo alienta en sus aventuras galantes. Precisamente, Désirée, cuya influencia no ha dejado de aumentar, acaricia un gran proyecto para Alejandro. Cree que una boda entre su ahijado y su sobrina Catherine-Désirée sellaría definitivamente la alianza entre las dos familias. Frustra con habilidad los intentos de la parentela Beauharnais, que defiende la idea de un partido mejor para el hijo menor del marqués. Sin embargo, no nos equivoquemos: para Alejandro esta unión no constituye un matrimonio tan desventajoso, ya que Catherine-Désirée aporta el antiguo origen de los Tascher y el prestigio otorgado a su nobleza caballeresca; por su parte, el Vizconde proporciona los honores vinculados a la posición de su padre y las cómodas rentas obtenidas de las vastas propiedades heredadas de su madre en Santo Domingo. El marqués, que aprueba de forma incondicional las combinaciones matrimoniales de su amante, se deja embaucar de buen grado y de inmediato da a conocer sus intenciones a Monsieur de La Pagerie. Ahora bien, mientras su hermana prepara estos planes tan ambiciosos, Monsieur de La Pagerie se preocupa por el futuro de sus hijas, pues ve imposible otorgar tres dotes capaces de hacerlas más atractivas y seductoras a los ojos de posibles pretendientes. Sin dote no hay buenas alianzas, y en esas condiciones una boda con alguien de su familia se consideraría por muchos como una desventaja. Cuando Monsieur de la Pagerie recibe la propuesta de Désirée con la conformidad del marqués de Beauharnais, ve el cielo abierto, pues además de lo que supone esa boda, es más fácil que pueda casar a sus otras dos hijas debido al parentesco con tan respetable familia. Alejandro, por el momento, dispone de cuarenta mil libras anuales, de la herencia materna, a las que más tarde se sumarán otras veinticinco mil a la muerte de su padre. Esos ingresos tan considerables dispensan a Joseph-Gaspard de proporcionar una dote a su hija.

Desgraciadamente, mientras se agilizaban los planes de su boda, la tuberculosis se lleva a Catherine-Désirée en 1777. De inmediato, Joseph-Gaspard propone reemplazarla por Yeyette, su hermana mayor, pero al marqués de Beauharnais no le hace demasiada ilusión la nueva propuesta, pues entiende que la candidata es demasiado mayor. El señor de la Pagerie se decide entonces a enviar a la más joven de sus hijas, Marie Françoise, apodada Manette. Decidido a acompañarla a la metrópoli, anuncia a su hermana que irá a Francia en abril o mayo de ese año 1778. Pero encuentra oposición en su mujer, y Manette, que al principio parecía resignada, manifiesta su desagrado por ese viaje; se aferra a las faldas de su madre, se sume en llanto y cae repentinamente enferma, se piensa que por su temor a partir. Joseph-Gaspard se pone furioso y se irrita con su mujer, muy afectada tras la muerte de Catherine-Désirée, y contra su suegra, pues ambas se unen contra ese proyecto que consideran tan inhumano. Es difícil separar a una madre de sus hijas, más cuando la muerte acaba de llevarse a una de ellas, y más conociendo el amor ciego de las madres criollas por sus hijos.

Después de muchas dificultades y lamentaciones, agitadas discusiones y llantos, con la tristeza en el alma, Manette cede a la voluntad de su padre. Pero el triunfo es efímero, ya que Rose-Claire vuelve a tomar la ofensiva. Sermonea tanto y tan acertadamente a su hija, que esta cambia de parecer nuevamente. De repente, todas las esperanzas del padre se desploman, al tiempo que ve desaparecer la perspectiva de una temporada en París, que necesita imperiosamente para consultar médicos y solicitar favores en la Corte.

En cambio Josefina desearía ardientemente ir a París. Si su padre pudiera convencer al marqués de Beauharnais de aceptar a su hija mayor en vez de a la menor, ella partiría de inmediato. Yeyette no se presenta como competencia para Manette, pero ya que su hermana está decidida a quedarse con su madre, podrían proponerla a ella para casarse con Alejandro. Josefina es una segunda Désirée. Las cartas de su tía llevan hasta Trois-Îlets algo parecido al perfume de la metrópoli, el eco de las gacetas parisienses que subliman, en el imaginario de las adolescentes, sus representaciones de una existencia tanto más idealizada cuanto que es lejana e inaccesible. Yeyette se aferra a la propuesta de Désirée como a una tabla de salvación, porque su ofrecimiento significa para ella la única oportunidad de partir. Y ese deseo es tan fuerte que adquiere incluso matices de fuga. Tras salir del convento, ha suplicado a su padre que la lleve a Francia; con esa meta, ha tomado clases de guitarra y de canto. Pero el señor de la Pagerie, recordando las primeras reticencias del marqués respecto a la edad de su hija mayor, no se atreve a proponer a Yeyette; aunque, por otro lado, sabe de la impaciencia del marqués de Beauharnais por llegar rápidamente a un compromiso. Este lo presiona para que se decida, pues teme que los tutores de su hijo, aún menor de edad, propongan otra alianza. Désirée se inquieta, pues teme posibles intrigas de la familia Beauharnais contra su proyecto, de modo que apremia a su hermano a que llegue a Francia, con una o con las dos. Así las cosas, da igual cuál de ellas sea; que el propio marqués elija la que más le interese. Con el fin de ganar tiempo, Joseph-Gaspard le envía un poder para publicar las amonestaciones, donde el nombre de la futura esposa se encuentra en blanco.

Alejandro, por cariño a Désirée, está dispuesto a desposar a una de sus sobrinas; aunque cree que una señorita de quince años tiene una edad demasiado cercana a la suya. Sin embargo, ante la evidencia de no poder conseguir que Manette viaje a Francia, y evitar malentendidos con su futuro suegro, Alejandro decide aceptar a Josefina.

A partir de comienzos de 1778, la guerra naval que tiene lugar contra Inglaterra vuelve aún más azarosas las condiciones de la travesía. Joseph-Gaspard espera junto a su hija en Santo Domingo una oportunidad de viajar con cierta seguridad. En agosto de 1779 se entera de la salida de un convoy hacia Le Havre y sin perder un instante decide embarcarse en el *Île de France*. Su estado de salud es inquietante y no se sabe si sobrevivirá a la travesía, pero Désirée ha lanzado un ultimátum, de manera que resulta imposible volverse atrás; Yeyette cuidará a su padre. De no ser por Madame de Renaudin ella jamás habría atravesado el Atlántico, y menos aún habría desposado a un Beauharnais. Su tía, que le ha preparado el terreno, no sólo se convertirá en su nueva madre, sino también en su mentora y modelo. El 12 de octubre de 1779, Josefina y su padre, muy debilitado, desembarcan en Brest. Désirée acude a recibirlos acompañada de Alejandro. Hace diecinueve años que no ve a su hermano; lo encuentra muy cambiado, minado por la fiebre. Conoce allí a su sobrina y el Vizconde puede contemplar a su prometida. Los jóvenes se abrazan, se evalúan con la mirada, sin apresuramiento, sin declaraciones apasionadas; ambos demuestran, más bien, reserva e inquietud.

# II. LA INCOMPRENSIÓN LLEVARÁ A LA SEPARACIÓN

La incertidumbre de Alejandro sobre su futura esposa se disipa tras su primer encuentro. Según dice él mismo, el carácter de Josefina supera lo que hayan podido decirle y abiertamente confiesa que le agrada. El 10 de de diciembre de 1779, ante los miembros de la familia, se procede a leer el contrato matrimonial. El capital inmobiliario de Alejandro es importante, constituido fundamentalmente por propiedades en Santo Domingo valoradas en unas ochocientas mil libras, a las que hay que sumar el castillo y las tierras de la Ferté-Aurain, en la región de Blois, y cuarenta mil libras de renta en las sucesiones de su abuela y de su madre, pero todo indiviso con su hermano François. Comparado con esto, la fortuna de Josefina deja bastante que desear: algunos efectos inmobiliarios dejados en la Martinica, a los que hay que sumar la dote de ciento veinte mil libras prometidas por su padre, de las que sólo entrega veinte mil para la confección de su ajuar. También debe esa suma a la generosidad de su tía Désirée, para quien esta unión supone la culminación de sus maniobras.

El 13 de diciembre de 1779 se celebra la boda, sin grandes festejos ni tampoco invitados, sino mediante una ceremonia sencilla y rápida. Alejandro y Josefina, de diecinueve y dieciséis años respectivamente, aun no se conocen de verdad, y tampoco disponen de tiempo para hacerlo, pues en julio de 1780 el vizconde Alejandro debe incorporarse a su regimiento en Brest. Alejamientos de este tipo serán la semilla de la futura discordia, ya que sustituirán la verdadera vida en común, por una ficticia, vivida a través de su correspondencia. Se prometen mutua fidelidad, pero las palabras no bastan para probarla. Alejandro tiene un carácter inclinado a la sospecha, y pronto cualquier cosa será posible en su imaginación. La desesperación se apodera de él y se siente desdichado.

Este matrimonio marca para Josefina el principio de esa vida de sociedad que será su principal razón de ser. Su madre, inquieta ante los primeros pasos de su hija en el gran mundo, escribe a su cuñada en marzo de 1780, rogándole que aconseje a su sobrina, al tiempo que confirma lo que ya se presentía: que este matrimonio, en lo que concierne a los Tascher, evidencia en cierto modo una desigualdad, no tanto respecto a la antigüedad en el orden de la nobleza, sino al rango que ocupan los Beauharnais en la aristocracia del Antiguo Régimen.

Madame de la Pagerie, regocijada por el mejor nivel social obtenido por su hija, no deja por otro lado de preocuparse intuyendo que el camino que deberá recorrer su Yeyette está sembrado de emboscadas. Además, puede que tema el carácter impulsivo de Alejandro, a quien conoció de niño o, tal vez, que la inmadurez intelectual de su hija —que contrasta con su precocidad física— la precipite en aventuras comprometedoras para su reputación. Madame de la Pagerie conoce bastante la alta sociedad, pues la de la isla no difiere tanto de la de París, como para no preocuparse. En efecto, Josefina no conoce el juego cruel y temible de los salones más allá de su distante participación, como espectadora, en la casa de su tío en Fort-de-France. Debe aprenderlo todo: el ingenio que protege del ridículo, los buenos modales que otorgan distinción a las grandes damas; una educación que le enseñe a expresarse bien, escribir bien, cantar bien; todos esos adornos de la vida aristocrática de los que ella posee apenas unos rudimentos. Saber recibir visitas y visitar, saber animar una velada y confeccionar listas de invitados, saber bailar para atraer a los grandes personajes y a las personas de moda. En suma, todo lo necesario para labrarse un nombre digno. A los diecisiete años, Josefina no ha vivido aún. Su impaciencia por agradar amenaza con perderla si nadie le enseña el arte de seducir. Madame de la Pagerie ha confiado a su cuñada la tarea de iniciarla en los arcanos de la sociedad, en los que tan ducha es Désirée.

Alejandro contrajo matrimonio por deferencia hacia su padre y afecto a su madrina, pero Maria-Joseph-Rose no le interesaba más que Catherine-Désirée. Así, funda una familia porque lo impone el orden establecido. Accede a tomar una esposa que le dará hijos, pero su compromiso con ella no irá más alla, de modo que este matrimonio no será feliz. Sobre todo porque este joven libertino no está dispuesto a renunciar a sus hábitos de juerguista. Las obligaciones de esposo se limitan, según él, a los derechos que intenta hacer valer sobre su mujer, y no a los derechos entre esposos que teóricamente implican los lazos del matrimonio. Esta actitud de Alejandro no tiene nada de excepcional si se considera la condición de la mujer en el siglo XVIII.

A los diecinueve y dieciséis años, respectivamente, Alejandro y Josefina, aún menores de edad ante la ley, nada conocen de la vida que les haya preparado para asumir responsabilidades de adultos. No son, al fin y al cabo, más que dos adolescentes arrojados demasiado pronto el uno en brazos del otro. Alejandro abandona el título de caballero y a partir de ahora se hará llamar Vizconde para darse importancia, su inmadurez sólo le vuelve un poco más arrogante. Josefina es todavía una niña en el cuerpo de una mujer joven; cede fácilmente a los caprichos de chiquilla, a tentaciones infantiles. Ambos tienen en común una sensibilidad casi enfermiza, propia de su edad, que exacerba las pasiones y provoca disputas.

Por todo esto, nada encaja verdaderamente entre ellos dos, en la medida en que todo está falseado por exigencias divergentes. Josefina no se ha casado por amor ni contra su voluntad, sino, más bien, por oportunismo. Su padre la ha enviado a Francia sólo porque una hermana murió y otra se negó. En estas condiciones, resulta imposible afirmar que de veras esté asignada a Alejandro. No obstante, ya que ha sido aceptada, está dispuesta a aprovechar todas las oportunidades para impedir que su sueño naufrague en desilusiones. Con este matrimonio ha conseguido entrar en la metrópoli y en la alta sociedad parisiense.

Sin forzar su inclinación, Josefina se deja conquistar por el encanto del seductor Alejandro. Pero aunque hubiera sido reticente, las promesas ligadas al nombre del caballero se lo habrían vuelto simpático de todas maneras. Y él, para quien este matrimonio no tiene verdadera trascendencia, pues su corazón ya pertenece a otra, no atiende a evaluar los posibles sentimientos que Josefina podría inspirarle. Por regla general, entre los cálculos y la indiferencia falta lugar para el afecto.

Alejandro parte para Brest en julio de 1780, donde su regimiento se encuentra acantonado, dejando a su esposa al cuidado de su padre y de su madrina. La separación llega demasiado pronto, y dará lugar a malos entendidos. Alejandro exigirá demasiado de Josefina, y ésta, se dejará llevar por unos celos infantiles. Alejandro pretende que su esposa le escriba asiduamente, lo que él entendería como una prueba de su amor, pero como esto no ocurre con la frecuencia deseada surgirá la sospecha. Al tiempo, llegan a oídos de Alejandro comentarios sobre supuestas infidelidades de su mujer y, a pesar de sus esfuerzos por ignorarlos y tranquilizarse, no consigue olvidar totalmente sus temores. Josefina, por su parte, le acusa de olvidarla, de la brevedad de sus cartas, y le abruma con mil reproches.

Por fin, ese primer año de matrimonio termina con un acercamiento de Alejandro con motivo de un permiso. Más tarde, cuando el Vizconde al reincorporarse al ejército se dirige a la guarnición de Verdún, en la primavera de 1781, Josefina espera un hijo. Se preocupa de obtener permisos para poder asistir al parto, pero la situación matrimonial se ha deteriorado y surgen las querellas domésticas. Por intervención del señor de La Rochefoucauld pudo obtenerse el permiso necesario para Alejandro. El 3 de septiembre de 1781 está de regreso en la calle Thévenot y asiste al nacimiento de su primer varón, al que bautizaron con el nombre de Eugenio. Pero su nacimiento no fue suficiente para evitar una nueva ruptura. El Vizconde está decidido a viajar a Italia para huir de sus desdichas conyugales. Después de pasar ocho meses, vuelve a París a finales de julio de 1782. La separación ha sido beneficiosa y, pletórico de buenas intenciones se reconcilia con su mujer. Se instalan en una mansión de la calle Neuve-Saint-Charles. Pero la pareja tiene poco tiempo para disfrutar del reencuentro. En dos meses, Alejandro parte para su regimiento en Brest. Su mujer queda embarazada por segunda vez.

Alejandro se siente avergonzado de la incultura de su esposa. Desearía que fuese una mujer más cultivada, y la obliga a pasar horas encerrada en la biblioteca del marqués, leyendo los clásicos, libros de historia, tratados de filosofía. Patricol, el preceptor de Alejandro se entremete para dar consejos sobre la manera de organizar los estudios de la Vizcondesa. Désirée se lamenta de los problemas de la pareja y pide explicaciones a su ahijado a través de Patricol. Alejandro confiesa entonces estar muy desilusionado con el comportamiento de su mujer, de su indiferencia ante la propuesta que le hizo para mejorar su instrucción, lo que le indujo a él, ante la perspectiva de tener que permanecer en casa frente a una mujer sin la suficiente preparación, a salir más asiduamente y volver a su antigua vida de soltero. Al actuar así, Alejandro pretende que si Josefina le ama de verdad, se esforzará en adquirir las cualidades que a él le gustan, e intentará retenerle. Pero no ocurre así, según Alejandro, Josefina en vez de inclinarse por la instrucción y el talento, se ha vuelto celosa y desconfiada; Alejandro esperaba una niña dócil, y se encuentra en realidad con una mujer joven, poco dispuesta a jugar a la alumna atenta.

Josefina se esfuerza en proceder bien, pero las exigencias de su marido terminan por cansarla. Quiere agradar, pero a su manera, sin precipitación. Patricol objeta a Alejandro, que en su impaciencia y entusiasmo por obrar bien, ha provocado en su mujer la indiferencia hacia el estudio que ahora le reprocha. Patricol aconseja a Désirée que aproveche una temporada en el campo para poner a la Vizcondesa al tanto de la literatura y hacerle descubrir los buenos autores. Désirée le enseña el arte de elaborar un buen cumplido, de redactar una carta dando sensible y justa expresión a los sentimientos. Pero también hay que persuadir a Josefina de que con terquedad no logrará atraer a Alejandro, que no pide más que amarla. Pero no basta con ser mujer para convertirse en objeto de amor de su marido, hay que tener además cualidades que llenen los largos intervalos que deja el amor; no es lo mismo una esposa que una amante.

En una carta enviada a su madrina, Alejandro admite los progresos de Josefina. El Vizconde, que de las lecciones de su preceptor conserva cierta pedantería, tiene tendencia a considerar tonta a su esposa. No ve llegada la hora de que ella complete su instrucción, para que cumpla correctamente su papel de ama de casa: en la sociedad aristocrática del Antiguo Régimen, la mujer se ubica en el corazón de la vida familiar y social, ocupa el centro de la vida intelectual, y debe alimentar una ambición cultural que no sea un simple remedio para salir del paso.

Alejandro presume de racionalista y entra con toda naturalidad en la francmasonería, que propaga las ideas de la Ilustración, a las que se adhiere con fe ciega. Se hace aceptar en la logia militar de la Pureza, vinculada a las banderas del regimiento del Sarre, al que pertenece. Debido a su vertiente filosófica y filantrópica, la institución atrae a su inclinación por el estudio, su aspiración a contribuir, mediante la reflexión y la acción, al bienestar universal y la felicidad de la humanidad. Y, como Alejandro somete a su esposa a una excesiva y perpetua exigencia de perfeccionamiento intelectual, la arrastra también a ese ideal masónico que eleva al individuo por encima de su propia condición. De este modo, desde antes de 1782 Josefina participa en las actividades de la logia de la Triple Luz.

A lo largo de los meses, Yeyette, la adolescente torpe que su marido reprendía en todo, se ha emancipado de una tutela asfixiante. Se ha vuelto hacia el exterior para captar la atención de los demás y cosechar su aprobación, por deseo a la vez de diversiones y de consideración. La compañía de Madame de la Renaudin ha sido beneficiosa. El frecuentar los círculos aristocráticos y su participación en las asambleas de las logias femeninas agudizan su sociabilidad y la colocan, en adelante, en el centro de una red de ayudas mutuas de la que nunca saldrá. Josefina halló en la solidaridad de sus hermanos masones valiosos apoyos en los momentos más críticos de su vida.

Desde el nacimiento de Eugenio, Josefina no aguanta el fuerte carácter de su marido, su tono magistral y necia suficiencia. La pasión amorosa se va disipando y Alejandro vacila ante la indiferencia de su mujer. De nuevo tiene que volver a sus obligaciones militares y ruega a su esposa que acepte compartir los sacrificios de la carrera que ha elegido. La inunda con correspondencia que ella no contesta en la misma medida; él se enfada, desespera y su carácter se ensombrece. Del tuteo amoroso se pasa al tratamiento de vos, frío y distante. Así las cosas, Alejandro se presenta voluntario para participar en la defensa de las Antillas, hacia donde parte en noviembre del 1782. Esta separación no augura nada bueno, pues la perspectiva de progresar no es la única razón que lo impulsa. Hay algo más que lo aleja de su esposa: la incompatibilidad de sus caracteres. Alejandro está poseído por Josefina, como embrujado, prisionero de una pasión carnal, dividido por sentimientos encontrados: por un lado, la atracción física por su esposa; por otro, la falta de estima en que la tiene. Se comporta como dominador, como dueño que desea ser servido y obedecido. Él la querría sumisa, Josefina lo quiere sólo para ella. De este modo, es difícil que el matrimonio perdure. Tanto más cuanto que Alejandro no puede dejar de sentir una desaprobación fundamental por el comportamiento y la manera de ser de su esposa. Deplora su gusto por el mundo y sus futilidades, su necesidad de aparentar, sus aires de gran dama que lo enferman.

Ya en América, Alejandro espera con ansiedad que lleguen noticias de Josefina, pero es en vano. Este silencio le inquieta, y le angustia la posible infidelidad de su mujer. Tanta indiferencia sería la prueba

*Toma de la Bastilla el 14 de julio de 1789, grabado del siglo* XVIII.

de que todo ha terminado entre los dos, y culpa a la ausencia de su abandono. Se siente sin fuerzas para tomar la decisión a que le obliga la actitud de su mujer. Le declara que su corazón está con ella, y le ruega le informe del estado de su hijo. Llega incluso a suponer, que no habrá de enterarse del nuevo parto de su mujer. El 10 de abril de 1783, Josefina da a luz a una niña a la que llamarán Hortensia Eugenia. En su acta de bautismo se indica que su padre, el Vizconde de Beauharnais, se encuentra en esos momentos en América al servicio del Rey.

Por otro lado, Josefina, es aceptada en el gran mundo, donde manifiesta su gracia natural y su increíble encanto. Désirée le ha enseñado las maneras, el arte sabiamente dosificado de las frases halagadoras, sin las cuales no sería bien acogida en la sociedad mundana de los salones de París; Madame Beauharnais aspira a ser conocida. Sin ser imprescindible, su compañía es buscada y apreciada; nadie permanece indiferente a lo exótico de la joven criolla. Josefina es recibida en los círculos frecuentados por los Beauharnais. Se la ve en la casa de los La Rochefoucauld o de los Rohan-Chabot. A su vez, Josefina tiene un salón, en el que recibe a un mundillo selecto, habituado a las buenas maneras: grandes damas que le retribuyen su cortesía, algunos amigos de Alejandro deseosos de consolarla de la ausencia de su marido; es el caso del caballero de Betrix.

Alejandro, busca el modo de enternecer a Josefina e inspirarle lástima, pero todo es fingido, pues sabe muy bien consolarse. Durante su estancia en Brest, había conocido a la señora de Longpré, cuyo nombre de soltera era Laure de Girardin, prima segunda de Josefina. La amistad que le une a Désirée la acerca a Alejandro. Once años mayor que él, se preparaba para volver a la Martinica, de donde era natural; ambos deciden viajar juntos. A Laure de Longpré le seduce la idea de una aventura amorosa con el Vizconde que reforzaría su posición de mujer de mundo, además, Alejandro le agrada.

La ruptura del matrimonio Beauharnais será obra de las manipulaciones de Laure de Longpré, que engaña al Vizconde y proyecta una conspiración contra Josefina. Laure se encarga de dar a conocer un rumor maldicente que adjudica a Josefina una conducta abominable cuando aún era niña. Se encarga, además, de corromper a los esclavos de la casa de Trois-Îlets para extraerles un testimonio demoledor sobre la hija de los patrones: cuentan que Josefina, aun estando comprometida, continuaba viendo a sus amantes. Alejandro, sin darle la posibilidad de defenderse, la juzga culpable; duda incluso de que Hortensia sea hija suya. Ante la grave acusación de adulterio, la familia La Pagerie se agrupa en torno a ella. Herido en su honor, Joseph-Gaspard se contenta con responder irónicamente a la carta de Alejandro; entiende ridícula la actitud de su yerno, y prefiere creer que ha sido manipulado por Laure. Pero la ruptura es ya inevitable. La madre de Josefina, desconsolada, suplica al marqués de Beauharnais que impida a su hijo cometer nuevas afrentas contra su hija.

Sin embargo, cuantas más opiniones surgen denunciando el error de Alejandro, más se obstina éste en la certeza de que su enojo es legítimo. Como se considera ofendido, exige de su mujer que expíe las faltas que él le imputa. Advierte a su mujer, antes de su regreso a Francia, que no consentirá en vivir con ella bajo el mismo techo, y le ordena que se retire a un convento. Su decisión es inquebrantable y nada le hará cambiar de opinión; quiere restituir su honor ultrajado.

La señora de Renaudin sufre bastante por este triste asunto, pues ve hundirse su obra, arruinarse las esperanzas que había puesto en esa unión. Creía que Alejandro, este ahijado tan querido, sería su mejor aliado, pero se hacía patente su equivocación. Ambos, Désirée y el marqués de Beauharnais, multiplican sus esfuerzos para convencer a Alejandro de que vuelva a vivir con su esposa, pero éste no quiere oír los consejos de sus allegados. Escucharlos supondría tener que renunciar a la reconquistada libertad que tanto necesita, ya que pretende vivir con su amante Laure de Longpré. La intriga ha logrado su propósito. A Josefina no le queda otra posibilidad que retirarse, repudiada, a un convento.

Josefina decide apartarse a la abadía de Panthémont, en París. Ese retiro le servirá para ampliar el círculo de sus relaciones, pues este convento es una especie de hotel para mujeres distinguidas en trámites de divorcio. La abadesa la toma bajo su protección.

Tanto los Pagerie como los Beauharnais están desolados. Josefina aparenta resignación ante la intransigencia de su esposo. Pero en realidad está dispuesta a luchar en defensa de su honor. De acuerdo con su tía prepara un plan de ataque: el 8 de diciembre de 1783 acusa al Vizconde ante un comisario de Châtelet, y le amenaza con un juicio público. La estrategia da resultado ante el temor de Alejandro de ver expuestas abiertamente sus culpas, de modo que termina por rendirse a la presión del entorno y de sus amigos. El 3 de diciembre de 1785 ambos se encuentran ante un notario. El Vizconde admite haber actuado irreflexivamente y presenta sus excusas. Pero ya es tarde para una vida en común, por lo que deciden divorciarse amistosamente. El acta que hace oficial la ruptura consagra la victoria de Josefina; recobra su dignidad y, el ventajoso acuerdo que obtiene en este asunto, demuestra que las acusaciones de Alejandro no estaban del todo justificadas, y podían deberse a un deseo de perjudicarla o a problemas emocionales.

Desde este momento Josefina es libre de residir donde le dicte su deseo. El Vizconde le pasa una pensión anual de seis mil libras, y la custodia de los hijos es compartida: Eugenio se queda con su padre y Hortensia con su madre. Si no se respetan los compromisos o se discute su ejecución, Josefina recobra fácilmente la entera plenitud de sus derechos, de modo que, en ese caso, podría reanudar las diligencias de su denuncia de separación. Aconsejada por sus hombres de leyes, ha preparado su retaguardia. Ella no pasará nada por alto: ni el menor paso en falso, ni la menor renuncia a la palabra dada. Es el precio que él deberá pagar si desea redimir su conducta ante ella. Josefina es demasiado orgullosa para no sentir rencor, pero también es demasiado generosa para saber perdonar. La reconciliación vendrá con el tiempo, a condición de que Alejandro sepa reconquistar su amistad.

Se han evitado las repercusiones de un escándalo público, pero la separación obliga a considerar la situación económica. Josefina, Madame de Renaudin y el viejo marqués de Beauharnais han de moderar su tren de vida. Deciden abandonar temporalmente París y se instalan en Fontainebleau. Allí la vida es más provinciana, y Josefina tiene que contentarse con ambientes menos aristocráticos. Debe, asimismo, hacer frente a multitud de dificultades económicas y familiares. Désirée, a quien tanto debe, tiene problemas serios de salud y necesita cuidados constantes. Alejandro ha vendido todos los bienes que poseía en Francia y los despilfarra con sus amantes. Ella, por su parte, desea mantener su categoría social, aunque la realidad de sus rentas no se lo permita. Hecha de menos París, sus brillantes recepciones y sus halagos. De pronto, tiene la impresión de que su destino se le escapa y no puede permitirlo. Tiene que hacer lo imposible por volver a París, retomar sus costumbres y volver a sus antiguas relaciones. Pero el dinero sigue siendo el mayor obstáculo, pues sus finanzas no le permiten llevar su anterior tren de vida. Por estas fechas Josefina conocerá al banquero suizo, Denis de Rougemont, cuya amistad le permitirá entrar en contacto con las altas finanzas internacionales y, en cuya casa, residirá como invitada una larga temporada. Pero esa hospitalidad está lejos de ser la verdadera solución. No puede seguir viviendo de la caridad de sus amigos, pues corre el riesgo de perder su posición social y comprometer el futuro de su hija.

A través de su tío Tascher, Josefina recibe la noticia de que los negocios de su padre han sido prósperos los últimos años. ¿Por qué no intentar conseguir la pensión que su padre le prometió junto con su dote y que jamás fue pagada? Tomada en firme la decisión, en junio de 1788 parte hacia Le Havre con Hortensia, en busca de un barco que las lleve a las Antillas.

Permanecerán aproximadamente tres años lejos de Francia, que coinciden con los primeros momentos de la Revolución. Pero los acontecimientos revolucionarios desatados en las colonias las obligan a volver a la metrópoli en septiembre de 1790. Durante el viaje de regreso sufren el naufragio, en las costas africanas, de la fragata en que viajaban, pero por suerte escapan indemnes. Al poco tiempo de su regreso se entera de la muerte de su padre, que tuvo lugar en Trois-Îlets el 7 de noviembre. La noticia le afecta profundamente, pues una verdadera complicidad unía a Josefina con su padre. Ella nunca pudo compensar la ausencia del hijo varón que él tanto había deseado, pero al ser la mayor logró superar la actitud distante que su padre mostraba con sus hermanas menores. Su padre abogó por su causa ante el marqués de Beauharnais; viajaron juntos a Francia, y ella lo cuidó durante el largo viaje en barco. Luego le acompañó en sus gestiones de Versalles. Tuvo la satisfacción de darle un nieto que, aunque no perpetuara el apellido, al menos aseguraba su descendencia. Además, el señor de La Pagerie jamás dudó de su primogenitura y defendió su honor ante las acusaciones de Alejandro. Por todas estas razones, Josefina siguió siendo siempre para él su pequeña Yeyette.

El fallecimiento del señor de La Pagerie comprometía de inmediato la penosa situación económica de Josefina. En tanto su madre no llegara a un arreglo con sus acreedores y las deudas de su padre, muerto insolvente, no fueran pagadas, ella no percibiría su renta. No le queda más remedio que ir a instalarse con su tía y su suegro en

Fontainebleau, en la casa de la calle France. Ahora bien, la vida se ha vuelto tan cara a raíz de la escasez de los alimentos, todo está tan desordenado, que, a su duelo, se añade la inquietud por su futuro y el de sus hijos. Para colmo de males, ha retornado enferma, sufriendo una infección de orina tropical que la sume en un estado de anemia del que necesitará tiempo para reponerse.

# III. EN LA PRISIÓN DE LOS CARMELITAS

Los acontecimientos ocurridos desde el comienzo de la Revolución habían socavado el panorama político y social del reino. La monarquía pierde su carácter divino y el Rey es despojado de su poder absoluto; los privilegios son abolidos, y la sociedad estamental desaparece.

La Vizcondesa de Beauharnais se convierte en una ciudadana más, ignorante de lo que le depara el destino. Como no quiere vivir en Fontainebleau, se instala en París, en la mansión Beauharnais, ya que, a pesar de su separación, no deja de ser Madame de Beauharnais, apellido que últimamente ha adquirido cierto prestigio, pues Alejandro se ha convertido en un político famoso, un héroe de los primeros días revolucionarios. En 1789 había sido elegido diputado de la nobleza, y desde su llegada a Versalles se había unido a una minoría de nobles, todos ellos partidarios de profundas reformas, que pensaban que los intentos de resistencia estaban fuera de lugar y podrían tener consecuencias trágicas. Alejandro se entusiasma con las ideas liberales. Espera obtener en política los triunfos que hasta el momento le han negado las armas. Se une al partido de los patriotas, que es el mayoritario en la Asamblea. Pronto destacará en los debates por su personalidad y su conversación brillante. Su buena prestancia le otorga popularidad entre las damas; se busca su compañía, su amistad, y se requiere su atención. Josefina se sorprende al descubrir el prestigio de que goza su marido. Sigue llevando su apellido, lo que le da reconocimiento social; poco parece importar que estén separados. También es cierto que, sin desear una reconciliación total y, menos aún una vida en común, Alejandro se muestra más cordial últimamente. Madame de Beauharnais aprovecha las relaciones de su marido para ampliar su círculo de amistades y acercarse a las esferas del poder.

Elegido presidente de los jacobinos a la muerte de Mirabeau, Alejandro preside la Asamblea Constituyente en 1791, en momentos en que Luis XVI se aleja de París y parece abandonar Francia. Lo que convertía a Alejandro, por ausencia del gobierno monárquico, en el primer personaje de Francia. Todo esto repercute positivamente en Josefina, cuya notoriedad social va en aumento y, como a su marido se le sabe poderoso, se la cree influyente. El entorno político de Alejandro se encuentra a su alcance. Josefina se siente cómoda en una posición que le permite satisfacer su gusto por las cosas mundanas, y se instala a la sombra del poder sin aspirar a ejercerlo por sí misma. A partir de este momento nada conseguirá apartarla de dicha posición hasta el día de su muerte. Josefina logrará estar en todas partes, introduciéndose en los círculos más opuestos, ya sean revolucionarios o contrarrevolucionarios. Se relaciona con los amigos que Alejandro tiene en la Asamblea Constituyente: La Fayette, d'Aiguillon, Crillon.

Terminado el trabajo de la Asamblea Constituyente y tras modificar la Constitución en el sentido de impedir la reelección de diputados, Alejandro se retira a La Ferté-Aurain y, hacia el 25 de agosto de 1791, se encuentra inscrito con rango de lugarteniente coronel en el Estado Mayor General. Por su parte, Josefina, cuya casa ha sido embargada como consecuencia de la emigración de su cuñado, alquila una nueva residencia en la calle Saint-Dominique, que comparte con una antigua conocida de la Martinica, Marie-Françoise Hosten-Lamotte, rica criolla de Santa Lucía. Por su mediación, Josefina será introducida también en los medios contrarrevolucionarios más activos, donde los nostálgicos del Antiguo Régimen se codean con agentes de las altas finanzas internacionales y representantes del poderoso grupo de los colonos plantadores de América. Allí conocerá a Michelle de Bonneuil que, en esos momentos, se hallaba aprendiendo el oficio de agente secreto por parte de los realistas de Inglaterra, y que iniciará a Josefina en los arcanos de la política secreta.

El 7 de septiembre de 1792, Alejandro es ascendido al cargo de jefe del Estado Mayor del ejército del Rin, formado en Estrasburgo. A mediados del 1793 es propuesto como ministro de la Guerra, pero advertido del recelo y la hostilidad de los *sans-culottes* hacia su candidatura, decide declinar el ofrecimiento; aduce, sentirse más apto para servir a su patria contra la tiranía entre sus hermanos de armas, que para ser ministro en medio de una revolución. Sin embargo, se dice de él, que habla mucho y hace poco, se pone en tela de juicio su comportamiento en los momentos decisivos en que Maguncia puede caer en manos austríacas. La ciudad capitula el 23 de julio y Alejandro, que se ha puesto en marcha con sus tropas demasiado tarde, sólo puede batirse en retirada. En agosto escribe a los comisarios de los ejércitos y a la Convención, solicitando que acepten su dimisión. La sospecha de negligencia se cierne sobre él y todos los oficiales procedentes de la nobleza. En París, sus partidarios deben subir a la tribuna de la Convención a defenderle. Mientras tanto, debido a la desconfianza y el desaliento que su reiterada oferta de dimisión provoca en el Estado Mayor, ésta es aceptada el 23 de agosto y él obligado a alejarse de la frontera. Perdida la consideración general, Alejandro abandona rápidamente Estrasburgo, dejando tras de sí más desprecio que pena por su partida. Ha malgastado su crédito político y empañado su prestigio militar.

Sin embargo, Alejandro mantiene su convicción republicana, y se une al partido de la Montaña. En una carta a su padre condena la decisión de su hermano François de emigrar. Alejandro sigue creyéndose inatacable y espera asumir de nuevo responsabilidades políticas en su provincia natal. Tan pronto regresa a la Ferté-Beauharnais se apresura a ponerse en contacto con la sociedad de los jacobinos de Blois e instala en el pueblo, del que llega a ser alcalde, un comité de vigilancia revolucionaria.

Para Josefina, la situación en París se vuelve insostenible. Los *sans-culottes*, que controlan ahora la totalidad de los comités de sección preconizan medidas expeditivas y aterradoras. El asesinato de Marat ha llevado el fervor popular al paroxismo. El 17 de septiembre de 1793, la Convención adopta la ley de los sospechosos, que ordena el arresto de las personas consideradas enemigas de la Revolución: partidarios de la tiranía, del federalismo, ex nobles que hayan acogido con frialdad la revolución, emigrados y sus parientes. Esta medida contribuye a reactivar el ardor del Tribunal Revolucionario, cuyas ejecuciones se suceden vertiginosamente En esta época caen célebres cabezas: María Antonieta, el duque de Orleáns, Bailly y otros muchos, conocidos o anónimos; todo el mundo se siente amenazado.

En cada comuna o sección, los comités de vigilancia emiten el indispensable carné cívico, especie de pasaporte interno que todo ciudadano debe presentar para no ser considerado sospechoso. En París, los miembros de los comités interpretan y ejercen sus poderes con una audacia terrible, abusando a menudo del poder sobre la vida o la muerte que les atribuye la ley; pero no todos lo aplican, ni con igual severidad. Los de la sección de la Fontaine-de-Grenelle, que abarca el barrio de Saint-Germain y de la que depende Josefina, se destacan por su exceso.

Para Josefina, el mejor medio de obtener el preciado documento consiste en cambiar de lugar de residencia y establecerse en una comuna donde la pasión revolucionaria sea menor. Busca fuera de París un refugio donde poder sentirse a salvo, un lugar de descanso temporal discreto donde caer en el olvido. En Croissy, aldea al oeste de la capital, en el camino a Saint-Germain-en-Laye que pasa por Nanterre, Madame Hosten dispone de una casa que alquila. Josefina la ha visitado varias veces. En septiembre de 1793 Josefina decide instalarse allí, mientras Madame Hosten se establece en una propiedad vecina. El 26 de septiembre, la ciudadana Beauharnais se presenta en la alcaldía para obtener el preciado certificado, indispensable para eludir la ley de los sospechosos. Se aloja unos días en su nueva residencia y vuelve a París el 22 de diciembre, llevando su certificado de civismo. Sus estancias en Croissy preludian su posterior establecimiento en Malmaison. Ambos lugares se encuentran enfrentados, separados por el Sena. Más allá de la ruta que va de Nanterre a Saint-Germain, se perciben desde la otra orilla las tejas que cobijan el castillo que comprará en abril de 1799.

En Croissy, Josefina coincide con amigos de Alejandro. Frecuenta a Réal, que le presenta a Jean-Lambert Tallien, uno de los secretarios de la Comuna. También puede contar con Barère, ex constituyente y convencional influyente. Trata de ganar la benevolencia de Vedier, uno de los dueños del Comité de Seguridad General, que preside el terror; su protección le permite esperar una relativa seguridad, a falta de una inmunidad total. Ciertos delatores han advertido al comité de vigilancia, que Josefina mantiene simpatías culpables con enemigos del pueblo o sospechosos de serlo. Se ha visto comprometida al tratar con plantadores, algunos de los cuales tenían fama de apoyar la contrarrevolución. Se trataría de relaciones espontáneas basadas en la amistad, y que nada tendrían que ver con lo delictivo. Sin embargo, es evidente su despreocupación al mostrarse en círculos poco recomendables. A diferencia de Alejandro, que no se ha desviado de sus principios, Josefina adopta un patriotismo de circunstancias. No es consciente de que el terror no distingue entre la vida pública y la privada; todo el mundo espía a todo el mundo.

Tras la muerte de Luis XVI, el 21 de enero de 1793, Josefina comprende que se ha llegado a un punto sin retorno. Puede que sea más proclive que Alejandro a lamentar la muerte de los monarcas, pues, al fin y al cabo, el apego a los Borbones procede del honor de una nobleza de la que ella no ha renegado verdaderamente. Pero también tiene razones para callar estos sentimientos, de modo que se declara franca y leal republicana, no por convicción sino por oportunismo. Pero su falta de entusiasmo por la Revolución y algunos encuentros con personajes considerados peligrosos, termina por atraer inevitablemente la atención sobre ella. Vadier, antiguo colega de Alejandro en la Constituyente y actual presidente del Comité de Seguridad General, previene a Beauharnais de que su esposa se expone a graves problemas si no elige con más cuidado sus relaciones. Sin embargo, ella continúa comportándose con ligereza. Su despreocupación es incorregible y parece incapaz de una justa evaluación de los riesgos que corre. Alejandro le dicta entonces la conducta que deberá seguir y le aconseja mantener una actitud más entusiasta hacia la República; le sugiere, también, que solicite una entrevista con Vadier, pero éste se niega a recibirla, aunque hace desaparecer el expediente que se había abierto sobre ella.

Como se puede apreciar, Alejandro observa una actitud protectora hacia Josefina, intentando evitarle posibles peligros. En realidad, el sosiego de los sentimientos hace posible la complicidad entre ambos; producto también de compartir la responsabilidad de los hijos y los complejos momentos que atraviesan. Alejandro le confía incluso papeles y objetos personales.

Vadier sospecha que Alejandro está comprometido con los adversarios de su amigo Hébert, al que pretende defender contra los dantonistas que intentan acabar con él. El 2 de marzo de1794, el Comité de Seguridad General ordena el arresto de Alejandro como uno de los responsables de la capitulación de Maguncia. Conducido a París, es encerrado en la prisión de Luxemburgo antes de llevarlo a la prisión del Carmelo. Josefina se apresura a poner los papeles que se le han confiado en lugar seguro, para ocultarlos a posibles requisas. El arresto de Alejandro no augura nada bueno, tanto más por cuanto ella se ha comprometido interviniendo en favor de su cuñada. A finales de marzo, llega al Comité de Seguridad General una denuncia anónima, que recomienda desconfiar de Josefina por sus connivencias en las oficinas de la administración. Pero hay algo más grave que reprocharle, pues su amistad con los Hosten la ha comprometido mucho al introducirla en medios financieros que apoyan a los contrarrevolucionarios. Una vez lanzada la denuncia las consecuencias no se hacen esperar. El 19 de abril de 1794, el Comité de Seguridad General ordena el arresto de la ciudadana Beauharnais. Asimismo, se realizan pesquisas en su domicilio, en el que no aparece nada que pueda ser considerado subversivo, sino, más bien al contrario, cartas cuyo contenido induce a hablar favorablemente de Josefina. Aun así, se la sigue considerando sospechosa y, el 21 de abril, es encarcelada en la prisión de los Carmelitas, donde estaba Alejandro. Nada más penetrar en la prisión Josefina cree desvanecerse: el ambiente infecto que se respira, la falta de higiene de los detenidos. Josefina comparte celda con otras ilustres detenidas: Madame d'Aiguillon, Madame de Lameth, Madame Hosten, entre otras. Se enfrentan a su situación con estoicismo y cierto refinamiento; reservando una camisa más elegante, en espera de ser conducidas a la guillotina. Al parecer, en estas circunstancias, Josefina se enamora del general Hoche, con quien, según la leyenda, se comunica mediante un espejo; el idilio podría ser cierto, pues una vez casada con Napoleón, intentará recuperar las cartas que habría dirigido al general en esos momentos. En esta época debió tener lugar la anécdota, de la que también se hacía eco la propia Josefina, según la cual, tras ser informada por un carcelero de su próxima ejecución y, ante la conmoción que esto supuso para sus amigas de cautiverio, ella les diría que su tristeza carecía de sentido pues no sólo no moriría sino que sería la reina de Francia. En el mismo sentido, se complacía recordando la profecía de una adivina de la Martinica que le había vaticinado, cuando era joven, que llegaría a ser más que reina.

Eugenio y Hortensia obtienen mientras tanto la autorización para ir a ver a su madre, quien les entrega los papeles necesarios para su defensa. El collar de Fortunato, el perrito de Josefina, que Hortensia lleva siempre con ella, hace las veces de buzón. Un día, se presenta en casa de los niños una desconocida con la misión, según dice a su gobernanta, de llevarlos consigo, sin más explicación. Mademoiselle Lannoy, la gobernanta, no quiere consentir, pero termina por ceder cuando la mujer muestra una esquela en la que todos reconocen la letra de Josefina. La desconocida conduce entonces a Eugenio y Hortensia a la calle Cassette, al fondo de un jardín lindante con el de los Carmelitas, recomendándoles el más absoluto silencio. En frente hay un gran edificio, una de cuyas ventanas se abre súbitamente,

Alejandro y Josefina aparecieron en ella. Hortensia embargada por la sorpresa y la emoción lanza un grito y extiende los brazos hacia sus padres. Ellos le hacen señas de que se calle, pero un centinela apostado al pie del muro los ha oído y llama a los demás. Entonces la desconocida se los lleva con precipitación. Después supieron que la ventana de la prisión había sido amurallada despiadadamente. Fue la última vez que vez que los niños vieron a su padre.

Al mismo tiempo, Alejandro encarga a Hortensia que transmita al Comité de Seguridad General una memoria que detallaba sus méritos patrióticos y acciones republicanas. Los niños firman peticiones para conseguir la liberación de Josefina. El 14 de septiembre, Eugenio y Hortensia depositan en el escritorio del Comité de Seguridad General una nueva petición, a fin de obtener el juicio de su madre. Todas las actuaciones concernientes a la ciudadana Beauharnais están en la comisión de detenidos, excepto la orden de detención. Sólo se espera ese papel para deliberar acerca del caso. Pero la gestión es llevada a cabo con torpeza por parte de Clamelet, hombre de confianza, que creyendo proceder correctamente, suscita el recuerdo del matrimonio Beauharnais, que acabará perjudicando a Josefina.

El aumento del número de detenidos hace que la situación en las cárceles se vuelva difícil de manejar. Hay que encontrar formas para ponerle remedio. Por ese motivo, se permite aumentar considerablemente el número de ejecuciones, pero esta medida no basta. Entonces se comienza a hablar de conspiraciones concebidas por los encargados de los expedientes de los prisioneros. Se habla de una conspiración que involucra a todos los detenidos de París. En la prisión de los Carmelitas, un tal Virolle denuncia a Alejandro junto con sus compañeros de prisión. Alejandro se ve perdido. El 22 de julio se apresura a dirigir una última carta a Josefina para decirle adiós y despedirse serenamente de los suyos. El día 23 de julio de 1794, después de pasar la noche en el recogimiento con que se prepara para morir, convencido de su inocencia, Alejandro con sus cuarenta y cinco compañeros de infortunio, sube a la carreta que le conducirá a la plaza del Trono Derrocado donde está instalada la guillotina.

# IV. EN EL CÍRCULO DE BARRAS

Jean-Lambert Tallien, perteneciente al grupo moderado del Comité, sabía que sólo la caída de Robespierre podría salvar a Teresa Cabarrús, hija de Francisco Cabarrús, banquero de Carlos III, rey de España, de la que estaba profundamente enamorado y que se encontraba encarcelada. Dispuesto a liberarla, es el inspirador de la idea que precipitará la caída del Incorruptible. El 28 de julio, Robespierre y sus camaradas son conducidos a la guillotina. Desde ese momento quedan abiertas las puertas de las prisiones. Josefina se encuentra en la lista de personas que van a ser liberadas; su emoción es incontenible. Había estado muy cerca de la muerte y, a pesar de su liberación, sería un error pensar que nada había cambiado en su interior; tiempo después, aún se podrán observar secuelas de aquella experiencia. A la difícil readaptación, indispensable tras la experiencia de la prisión, se suma el desamparo y una penosa soledad.

Nadie puede hallarse tan cerca de la muerte y salir indemne, sin que ese sentimiento confuso que llamamos el gusto por la vida altere su sabor. Los que se salvan son verdaderos supervivientes, observan un púdico silencio sobre su detención y no les gusta dar testimonio del infierno que han vivido. La mayoría calla, prefiriendo ocultar las circunstancias de su humillación. A veces ceden y cuentan sus desdichas, pero generalmente, afectados en su dignidad y en su honor, no dicen una palabra de los sufrimientos padecidos, que permanecen en ellos como incurables heridas: la vergüenza, el sordo latido del corazón que enloquece cada vez que comienza la llamada de los condenados, la partida de un pariente o un amigo, una última mirada intercambiada apresuradamente con aquellos a los que nunca se volverá a ver, como un postrer testimonio de amor o de estima. Sería indecente confesar sus traumatismos, pues equivaldría a reconocer que el coraje que se exhibía en la prisión no era más que una comedia, una ilusión para sí mismos y para sus compañeros de infortunio. Pretendían no temer a la muerte, a veces hasta osaban desafiarla, porque les gustaba fingir desapego a la vida. Era menester haber pasado por ello, haber compartido el terror de las víctimas mezclado con la propia inquietud, haber sentido la náusea de la muerte para prometerse, si salían con vida, tomarse la revancha del miedo a morir.

Lejos de ser una viuda feliz, Josefina, es una mujer afligida y una madre angustiada. El 6 de agosto, cuando entró en la prisión del Carmelo, Josefina había perdido casi todo: su marido, su fortuna, su rango. Alejandro le confió la misión de rehabilitar su memoria, lo que explica el celoso cuidado con que la defiende. Josefina cumple su misión con orgullo y coraje, pues no se trata sólo de cumplir su promesa y respetar la palabra dada a su compañero; trabaja también para sí misma y para sus hijos. Se presenta en todos los sitios como la viuda del general Beauharnais, título que a sus ojos vale más que todos los de la nobleza revolucionaria. Intenta restablecer los vínculos con sus antiguos compañeros en la Asamblea Constituyente, cómplices en la conspiración que derrocaría a Roberpierre, al objeto de encontrar un sitio en la nueva sociedad termidoriana.

Con la confiscación de los bienes de Alejandro, de nuevo Josefina debe enfrentarse a una precaria situación financiera. Sus asuntos se agravan de modo preocupante, ya que sus hijos, Hortensia y Eugenio, también han sido desposeídos de la herencia de su padre. Después de su salida de la prisión, Josefina se muda a un nuevo apartamento en la calle de l'Université, que le alquila una amiga. Carece de recursos para pagar a su personal doméstico y se ve obligada a recurrir a sus ahorros y a retomar sus relaciones; por estas fechas pedirá dinero prestado que a su muerte aún no habrá devuelto. En enero de 1795, solicita a su madre que la ayude a cumplir con sus acreedores, enviándole dinero vía Londres o Hamburgo. Madame de la Pagerie atiende la llamada de su hija, y el 29 de abril y el 1 de mayo siguientes, Josefina hace un poder a sus hombres de negocios para retirar y colocar el dinero que les entregará un banquero de Hamburgo, y para administrar los bienes de sus hijos en Santo Domingo. Como la respuesta de su madre se demora, solicita a la casa Matthiessen y Sillem de Hamburgo, que le adelante la cantidad de doscientos luises de oro, ofreciendo como garantía un diamante. Josefina demuestra gran habilidad para recibir ayuda de los hombres de negocio, pues maneja los cumplidos con extraordinaria maestría. Ha comprendido que, en materia de dinero, importa ante todo inspirar confianza a los acreedores recurriendo al pequeño artificio de la urbanidad.

En octubre, Josefina se encuetra en la misma necesidad de dinero que antes, a pesar de los esfuerzos que hace su madre para intentar ayudarla. Entonces toma la decisión de extender mil libras esterlinas en letras de cambio sobre los bienes de su madre. Por otro lado, Josefina no deja de intrigar para recuperar la fortuna confiscada a Alejandro. Aprovecha su vinculación con Tallien para intervenir en los debates financieros que tienen dividida por entonces a la Convención. Es urgente realizar una reforma racional de las finanzas, y evitar la bancarrota en una época en que los gastos de guerra aumentan y gravan peligrosamente los presupuestos del Estado. Hay que evitar que Francia quede paralizada en momentos en que está obteniendo victorias militares. Para restablecer la confianza, es necesario que el gobierno anuncie su intención de restituir los bienes a aquellos que fueron víctimas de la Revolución. Este programa de saneamiento de las finanzas públicas provoca fuertes discusiones en el seno de la Asamblea que, dividida y vacilante, teme tomar medidas monetarias demasiado audaces y se contenta con decretar la enajenación de los bienes de los emigrados. Josefina sigue con vivo interés los debates sobre la restitución de los bienes de los condenados a muerte. Siente que esa medida la concierne especialmente. Infinidad de veces ha intentado obtener el levantamiento del embargo de los bienes y los papeles de Alejandro. Redobla sus esfuerzos, dispuesta a sostener a quienes en la Convención estén persuadidos de hacer un gesto en favor de los herederos.

El mundo de las finanzas reclama una política favorable. Josefina comparte esas reclamaciones. No deja de unir su voz a la de los banqueros y financieros, a quienes frecuenta en casa de Teresa Tallien. La hija del banquero madrileño se ingenia para formar en torno a su marido un grupo de presión al que pronto se unirá Josefina. Tallien se propone interpelar a los miembros de la Asamblea sobre la necesidad de devolver los bienes a los condenados. Les demuestra que esos bienes no se venderán o se venderán mal. Finalmente, Tallien opta por la restitución benéfica de los bienes. Las palabras de Tallien coinciden de tal modo con los deseos de Josefina, que cuesta no ver en ellas su influencia. El 9 de junio se lleva a cabo el dictamen definitivo de la ley: se decide restituir los bienes de los condenados, con excepción de los Borbones, de la Du Barry, de los emigrados y de los individuos puestos fuera de la ley el 9 termidor. Josefina puede estar satisfecha. El 27 de junio pide al Comité de Salvación Pública ser indemnizada en dinero o en especie por la pérdida de los caballos que el general Beauharnais puso a disposición de los representantes del pueblo al abandonar el ejército del Rin. Además obtiene que se le restituya la platería y los libros incautados en el castillo de los Beauharnais en La Ferté. Recibe también un pago de diez mil libras a cuenta por los muebles vendidos por la administración inmediatamente después de la muerte de Alejandro. Pero tiene que esperar hasta el 27 de marzo de 1796 para que se levante al fin el embargo sobre los bienes de su marido. Al no poder percibir ninguna renta, su pésima situación se prolongará hasta esa fecha y aún más. En julio de 1795, Josefina se verá en la necesidad de pedir un préstamo a su tía, Madame Renaudin.

La dictadura de la Montaña pretendía encarnar un combate implacable contra la corrupción de las ideas. La caída de Robespierre supone el final de la dictadura de la Montaña. Este había basado la fuerza de la Revolución en la asociación entre la virtud con el terror. Precisamente el Incorruptible consideraba que el gobierno revolucionario estaba en guerra, porque la Revolución es la guerra de la libertad contra sus enemigos. Era inflexible, no perdonaba a nadie, su extrema exigencia e ideal de pureza revolucionaria inquietaban a sus conciudadanos. Le odiaran o le adoraran, todos le temían. En París, como en provincias, se multiplican las medidas contra los jacobinos, se destruye su estructura política, se persigue a sus partidarios. En época de la reacción termidoriana hay amistades que vale más olvidar. La desdichada Charlotte Robespierre es evitada cuidadosamente. Por cierto, Josefina que ya no quiere recibir a una amiga tan comprometedora, le hace comprender claramente que, de ahora en adelante, sus puertas le están cerradas.

Los artífices de la Constitución del año III estiman más prudente confiar el poder ejecutivo a un colegio de cinco miembros, que serán llamados directores, para evitar volver a caer en la dictadura de un solo hombre. La sociedad se reforma al mismo tiempo que se restablece el orden social. Reaparece el lujo en los salones y en el modo de vivir de la gente. El nuevo régimen tiene todo lo necesario para encantar a la viuda del general Beauharnais. Las antiguas relaciones de Alejandro en la Asamblea Constituyente pueblan ahora los Consejos, y Josefina puede contar con el apoyo de muchos de ellos. Cree poder acercarse a uno de los cinco directores, Paul Barras.

*La corte napoleónica se asemejaba a las cortes de los reyes del Antiguo Régimen.*

Existía cierta corrupción en época del Terror, pero, duramente reprimida, nunca alcanzó la magnitud que adquiere durante el Directorio. Ahora, todo el mundo, en mayor o menor medida, se involucra y nadie escapa a ella. En consecuencia, tendrán lugar considerables ganancias que se emplean de modo inaudito; se organizan fiestas y se exhibe un lujo insolente mientras la escasez afecta al resto de la población.

Todos los personajes importantes del momento, sean del gobierno, del ejército, de los negocios rodean a Teresa Tallien, que ha convertido su salón en un centro importante de la vida parisina, instalándose cómodamente en el seno de la sociedad del Directorio. Hay quienes consideran a Madame Beauharnais el adorno de esos círculos por su suavidad de carácter y graciosa espiritualidad. En casa de los Tallien, Josefina encuentra a los Couteulx y se entera de que poseen un pequeño castillo en los alrededores de París, en un lugar llamado la Malmaison, entre Nanterre y Saint-Germain, cerca de la Croissy, que ella conoce tan bien. Muy pronto Josefina conquista la amistad de Teresa Taillen y entre ambas se establece una fuerte complicidad. Tienen el mismo gusto por los adornos, las frivolidades, la ropa. Aspiran al lujo y, ante la imposibilidad de ejercer el poder, buscan la influencia. Todos alaban la gentileza de Josefina y la benevolencia de Teresa. Ambas experimentan auténtico placer haciendo favores. Para ellas es el medio de saber que existen para los demás, pues odian el anonimato. La gratitud pública les abre las puertas de la celebridad. Se vuelven inseparables y presiden juntas las fiestas del Directorio. Teresa arrastra a Josefina a su cauce y la inicia en los misterios del mundo. Josefina pierde su aspecto formal de pequeña provinciana y parece haberse emancipado por completo. Desde ahora, no quiere ser la viuda de Beauhernais; espera ser reconocida por ella misma, existir por sí misma. Por esta razón abandona el austero vecindario de Saint-Germain para establecerse en Chaussée-d'Antin, un barrio elegante, de última moda, lanzado a finales del Antiguo Régimen por bailarinas mantenidas y banqueros, donde los arquitectos más cotizados han edificado encantadoras casa de placer y opulentos palacios transformados durante la Revolución en salas de baile y garitos, escaparate de un lujo ostentoso que deslumbra a Josefina.

El pasado ha muerto, el terror está enterrado, olvidados los miedos de la prisión, las diatribas de los desheredados contra los ex nobles, las denuncias, las requisas domiciliarias. La Constitución del 5 de fructidor del año III (22 de agosto de 1795) ha establecido en el Directorio un régimen de notables.

No pasa día sin que Teresa visite la casa de Barras. Asiduamente frecuenta el palacio del Luxemburgo, donde cada uno de los directores mantiene su pequeña corte separada. Tienen sus días de recepción y su círculo particular con cortesanos incluidos. Barras desempeña un papel principal. Ese ex Vizconde, de noble familia provenzal, conserva las maneras de los grandes señores del Antiguo Régimen y lleva un tren de vida principesco. Las amistades femeninas de Barras en el Luxemburgo forman un pequeño círculo de seguidoras, entre las que habitualmente se encuentran Teresa Tallien, Josefina y Madame de Château-Renaud. Se reúnen en su casa entre las siete y las ocho de la noche en torno a las mesas de juego o a los canapés, en discusiones que pueden durar hasta muy tarde. Algunas veces Barras ofrece pequeños bailes seguidos de finas cenas. Sin embargo, a esas reuniones tan apacibles se les dio a menudo el nombre de orgías. En efecto, la vida disoluta de Barras, a quien se le atribuyen todos los vicios, provoca comentarios. Rechazado a la vez por los monárquicos, que le acusan de ser demasiado revolucionario, y por los jacobinos, que le reprochan no serlo bastante, el director es el blanco de los ataques de sus adversarios. Éstos se ponen de acuerdo para desacreditarle ante la opinión pública. Se denuncia su gusto por los placeres y la buena mesa. Es atacado porque encarna un régimen maldito. Después de la austeridad ascética y espartana de Robespierre, es fácil hacer pasar el libertinaje de Barras por lujuria. El sexo y el dinero siempre se asocian en el pensamiento de la gente; se le juzga disoluto ya que con anterioridad se conocía su comportamiento corrupto. No obstante, es agradable ciertamente formar parte del entorno del director. Sus amantes, como sus amigas, saben aprovechar sus larguezas.

Por este camino, a través de los Tallien, Josefina se convertirá en la amante de Barras. Josefina ya no puede pagar sus alquileres y menos aún sus deudas atrasadas. Barras acepta tomar a su cargo el contrato de la casa de Croissy. Josefina encuentra en él un proveedor de fondos tanto más valioso por cuanto en esos momentos su situación personal es muy precaria. Lejos de ella la idea de reducir sus gastos y contentarse con un tren de vida burgués. Josefina, cansada de su austero piso de la calle l'Université, se dedica a buscar una coqueta casita, más a su gusto, donde pueda recibir y gozar de los encantos de un jardín. El 17 de agosto de 1795, alquila una mansión en la calle Chantereine.

Su nueva morada consiste en un pabellón aislado, levantado en una planta, y un ático destinado a la servidumbre. En la planta baja hay una antecámara, un dormitorio, un saloncito en forma de rotonda seguido de un gabinete y un guardarropa. Hay que prever algunos arreglos y completar el mobiliario de la calle l'Université, que hace retapizar de rojo y amarillo. En su habitación, alrededor de su cama de madera bronceada, coloca algunos muebles de madera clara de la Guadalupe, un secreter, una mesa de escritorio, un cofre de caoba; en un rincón un arpa y sobre la chimenea un pequeño busto de Sócrates de mármol blanco. La antecámara está menos recargada, solamente un aparador bajo de roble, un armario de pino para guardar la vajilla y un sevicio de aseo. El saloncito, que también hace las veces de comedor, no contiene más que cuatro sillas de caoba alrededor de una mesa redonda con paneles rebatibles, junto con algunos pequeños trinchantes para los refrigerios y otras dos mesas con tapa de mármol. En las paredes han sido colocadas algunas vitrinas donde se ha dispuesto un servicio de té de estilo etrusco. En cuanto al salón en forma de semirrotonda, el gabinete y el guardarropa, son un verdadero despliege de espejos, con pequeñas estampas enmarcadas en las paredes. Sin que este mobiliario sea particularmente lujoso, esa casa resulta tanto más cara por cuanto para mantenerla se requiere mucho personal doméstico. Josefina añade a sus servidores un cochero para conducir el coche y los dos caballos que obtuvo como indemnización por los de Alejandro, y un cocinero.

Este cambio de domicilio supondrá un giro en la vida de Josefina, una vez liberada en cierto modo de sus antiguas obligaciones. Su viudez le permite una gran libertad y su relación con Barras la despreocupa en cierta medida de sus problemas monetarios. Pone a sus hijos en pensionados de Saint-Germain-en-Laye: Hortensia en el Instituto para señoritas de Madame Campan, ex doncella de cámara de la reina María Antonieta, y a Eugenio en el colegio irlandés de Mac Dermott. Inicia así una vida nueva: mujer de mundo, mujer mantenida, mujer de moda, Josefina, amante titular del poderoso Barras, ocupa uno de los primeros puestos en la sociedad termidoriana.

A partir de 1795, la Revolución parece apaciguarse: aparentemente nada perturba el orden público con excepción de las sublevaciones monárquicas de octubre de ese mismo año. En ese momento se cruzan los caminos de Josefina y Napoleón. Barras había impulsado al joven general durante las jornadas del 13 vendimiario del año IV (5 de octubre de 1795), y seguidamente se ocuparía de su futuro.

Debido a un acuerdo tomado por los diputados de la Convención antes de separarse, dos terceras partes de los mismos permanecerán en la nueva Asamblea; decisión que provoca movimientos de protesta por parte de las secciones parisinas. La agitación monárquica, que nunca había cesado, se agravó súbitamente durante la jornada del 3 de octubre. Nombrado comandante en jefe del Ejército del Interior, Barras recibió la orden de dispersar el grupo armado de las secciones. Napoleón era uno de los generales que en ese momento se encontraban disponibles y se puso a sus órdenes. Poco tiempo después de estos hechos Napoleón fue introducido en el círculo de los Tallien. Ciertamente, nadie aprovechará tanto como Napoleón la fecha del 13 vendimiario: el 8 de octubre es nombrado segundo jefe del Ejército del Interior y promovido a General de División el 16 del mismo mes. Finalmente, el 26 de octubre de 1795 Napoleón se convierte en general en jefe de ese mismo ejército, cargo en el que sucede a Barras.

# V. JOSEFINA Y NAPOLEÓN YA NO SE SEPARAN

Josefina se fija en ese general del que tanto se habla, con su baja y desproporcionada estatura, desgarbado, con un largo pelo enmarañado y rostro pálido. Él intenta llamar su atención y no deja de hablar, aunque sea de manera ruda y breve, con un fuerte acento corso que le hace más extraño ante sus ojos. Josefina y Napoleón se conocen en el otoño de 1795, muy posiblemente en casa de Barras. Victorioso de la insurrección monárquica de octubre, salvador de la Convención, Bonaparte es considerado un héroe. Su prestigio y aspecto llaman la atención de Josefina. Tal vez no la seduce, pero como toda mujer de mundo que se respete, Madame Beauharnais, debe mostrarse con las personalidades más destacadas. La posición social de Josefina es la de una mujer de militar, acostumbrada al espíritu de casta de los oficiales superiores. Viuda de un general, amante de otro, es lógico que se sintiera atraída por ese joven tan meritorio, protegido de Barras. El director y los suyos esperan mucho de este joven general de veinticinco años. Aunque, por otro lado, la opinión que Barras tiene de Napoleón no es demasiado buena, pues cree que es un oportunista intrigante.

Eugenio cuenta una anécdota conmovedora, corroborada por el propio Napoleón en el *Memorial de Santa Elena,* según la cual, el propio Eugenio pretende haber sido quien proporcionó, en octubre de 1795, la ocasión para la primera entrevista de Josefina y Bonaparte. La anécdota relarta cómo, después del 13 vendimiario (14 de octubre de 1795), una orden del día prohibía, bajo pena de muerte, a los habitantes de París, conservar armas en su poder. Eugenio, sin embargo, se resistía a la idea de separarse del sable que su padre había llevado y honrado en sus virtuosos y brillantes servicios. Concibió entonces la esperanza de obtener permiso para conservar ese sable e hizo las necesarias gestiones ante el general Bonaparte. La entrevista que le concedió fue emocionante y renovó en Eugenio el recuerdo de la reciente pérdida de su padre. La conversación mantenida con Bonaparte suscitó en éste el deseo de conocer a su familia. Al día siguiente, el propio Napoleón fue personalmente a su casa a llevarle la autorización que deseaba, y desde ese momento pareció cada vez más complacido del trato con su madre y pidio permiso para volver a visitarlos.

Barras afirma que ese relato es falso, y cuestiona la versión de los hechos tal y como Napoleón y Eugenio la presentan, porque al joven Beauharnais, y menos aún a la casa de su madre, no les afectaba la ley de desarme. Josefina, lejos de estar en connivencia con las secciones parisinas, pertenecía a su propia facción y, por lo tanto, no podía ser molestada. Barras recuerda que en momentos en que las tropas de Bonaparte comenzaban a desarmar las secciones, él cenaba con Josefina. Eugenio manifestó cierta inquietud por esa operación, pero Napoleón se mostró tranquilizador, pues era impensable que pudiese requisarse la casa de Madame de Beauharnais, que gozaba de total inmunidad. Podemos buscar, en esa maraña de anécdotas contradictorias y de afirmaciones divergentes, las profundas motivaciones de la unión de Josefina y Napoleón. Poco importa, después de todo, que los agentes de la propaganda napoleónica hayan alterado la realidad, que bajo un aire de inocencia y el enunciado de las cosas más simples se descubra un engaño premeditado.

En su ambición por asentar la Revolución, el Directorio se sabe condenado a vivir a fuerza de leyes de excepción y golpes de Estado. Hay una lógica en los golpes de Estado que consiste, no tanto en hacerse con el poder, como en ser capaz de mantenerlo. El clan Barras entiende que si logra ganar para sus intereses al joven general Bonaparte, que parece un militar de gran futuro, podrá asegurarse su apoyo, esperando al mismo tiempo neutralizar sus ambiciosos designios. Los políticos más lúcidos del momento tienen clara conciencia de las debilidades del nuevo régimen. El Directorio se ve amenazado, a la derecha, por la recuperación de los monárquicos, y en la izquierda, por los jacobinos que denuncian la corrupción general y la traición a los principios revolucionarios. Para terminar con estos enemigos internos y mantener un sistema político durable que preserve los intereses de los nuevos ricos, es necesaria la espada de un militar como Bonaparte. Madame Beauharnais no ahorra esfuerzos para favorecer ese acercamiento, al tiempo que el azar quiere que Bonaparte sucumba al encanto de Josefina.

Napoleón la cree poseedora de una cuantiosa fortuna; sin embargo, Josefina no ocultó a su pretendiente su verdadera y precaria condición. Bonaparte desengañado de sus falsas esperanzas, se entera, por otro lado, de que cuenta con sólidas amistades en el mundo de las finanzas, particularmente entre los banqueros suizos establecidos en París. Además, piensa en las ventajas de la unión con una Vizcondesa, cuyo primer marido fue una de las figuras más influyentes de la Asamblea Constituyente.

Mientras que la relación de Barras con Josefina no es un secreto para nadie, Bonaparte afecta a ese respecto una indiferencia calculada. Busca por todos los medios el apoyo del director para llevar adelante sus ambiciosos proyectos. El 28 de septiembre de 1795, Josefina conoce lo suficiente a Napoleón como para inquietarse cuando él no la visita. De modo que le escribe quejándose de su desinterés, al tiempo que lo invita a almorzar. Bonaparte contesta que no puede imaginar qué ha motivado su carta y le ruega crea que nadie desea más que él su amistad.

La posición social de Josefina, su edad y su experiencia en los medios parisinos donde se tejen y destejen las intrigas políticas y financieras parecen conferirle cierta superioridad sobre Napoleón; adopta pues el papel de consejera. Sabe también que Bonaparte puede contar con la amistad fríamente calculada de Barras. A ella le corresponde transformarla en una confianza más profunda, que pueda culminar en una alianza política. En Bonaparte, Josefina y los amigos de Barras tienen su candidato para la salvación de la Revolución y están decididos a cualquier cosa para anteponerlo a las pretensiones de un Pichegru, demasiado monárquico, o de un Bernadotte, demasiado jacobino. Bonaparte, por su lado, tiene ambiciones propias que satisfacer.

Josefina y Napoleón se muestran en público tomados del brazo. Se les ve en casa de los Tallien o se encuentran en las veladas de Barras. Ya no se separan; su relación adquiere un sesgo pasional. Napoleón ha caído perdidamente enamorado de ella, mientras, Josefina se divierte con esta pasión que es capaz de inspirar, a sus treinta y dos años, en éste general de veintiséis. Bonaparte no puede prescindir de la presencia de Josefina. Apenas logra ser un nuevo amante, ya se quema en la ardiente llama del loco amor que siente por ella.

Por las cartas de Napoleón sabemos que él descubre en sus brazos goces hasta entonces desconocidos: se ofrece a ser su esclavo, tolera todos sus caprichos, excusa todas su crueldades; se queja de que ella le atormenta, de que goza haciéndole sufrir. Puede que, de momento, ella no se entregue por completo y muestre algunas reservas, como si algo le impidiera un compromiso absoluto. Después de sus sinsabores con Alejandro, desconfía de esos caracteres impulsivos que pasan alternativamente del amor al odio. Aunque con Napoleón las cosas parecen diferentes, él la respeta, declara amarla por sí misma, la trata con consideración, en plano de igualdad. Sin dudar de la sinceridad y el indiscutible ardor de sus sentimientos, duda de la verdadera finalidad que persigue al cortejarla, ya que es capaz de percibir en él signos ocultos de una desmedida ambición; nadie ha descifrado mejor que ella el misterio de Bonaparte. No sólo porque comparta su lecho y su intimidad, sino porque su complicidad se basa en una comunidad de intereses maduramente reflexionada.

Ése es el motivo por el que Josefina se presta voluntariamente a su juego, demasiado inmersa en el deseo de agradar, demasiado preocupada por resolver sus propios asuntos. En efecto, ¿quién mejor que ella sabe hacer favores? ¿Qué beneficio piensa sacar de esta unión? Sería absurdo pretender que hubiese intuido el destino excepcional del futuro Emperador. En cambio, podemos sospechar qué haya motivado su interés: el general dispone de solvencia económica; su sueldo basta para atender sus necesidades y cubrir parte de los gastos de su familia; esto la pondría al abrigo de la miseria, y los galones de él le asegurarían una consideración social muy envidiable en esos tiempos tan agitados. Por lo tanto, no se puede negar que Josefina ha sido sensible a todas esas ventajas; no se la puede absolver por completo de tales cálculos. Por su lado, Napoleón comprende el partido que puede sacar de una alianza con esta aristócrata, y trabaja para su futuro.

En el régimen directorial que sobrevive a fuerza de golpes de Estado, llegará el momento en que él, Napoleón, se impondrá como el hombre providencial. Espera su hora y busca complicidades. Necesita, fundamentalmente, socios capitalistas decididos a seguirle en su propia aventura. Una noche de enero de 1796, en la casa de Barras, es presentado al banquero Jean-Barthélemy Le Couteulx de Canteleu, que pertenecía al grupo de las relaciones de Alejandro de Beauharnais en la época en que éste presidía la Asamblea Nacional. Canteleu entra en el círculo de sus íntimos y, pronto, de sus cómplices. El general se coloca al lado del director; en veintiún días asciende los últimos escalones de la jerarquía militar, subiendo al primer plano.

Cuando, más adelante, el Emperador se refiera a los acontecimientos de su ascenso, hará justicia tanto a Barras como a Josefina, por su modo de hacer y la conveniencia de sus consejos. A Barras le agradecerá el haberle aconsejado que se casara con Josefina, asegurándole que ella participaba tanto del antiguo como del nuevo régimen, lo que le daría consistencia; que su casa era la mejor de París, y eso contribuiría a borrar su apellido corso, de modo que, con esta unión, quedaría del todo afrancesado. Napoleón confiará a Marchand: *Para mí era, en suma, un buen negocio; al ser corso, una familia bien francesa me convenía de lo mejor.*

A partir de allí, la idea del matrimonio se define con rapidez. Eugenio, que ya se imaginaba ascendido a ayudante de campo de Bonaparte, anima a su madre a rehacer su vida. Hortensia, por el contrario, posesiva y celosa como se suele ser a los trece años, se muestra reacia y somete a su madre a un verdadero chantaje afectivo, pero nada puede evitar lo inevitable.

Hay gente de la familia de Josefina y allegados, como, por ejemplo, su notario, Ragideau, que no están de acuerdo con que haya elegido a Bonaparte. No entienden que se quiera casar con un militar sin fortuna ni porvenir, cuando puede pretender un partido más ventajoso. Por un momento, Josefina aún duda: por un lado, la preocupación por sus asuntos y los intereses de sus hijos la incitan a contraer una nueva unión; por otro, escaldada de su primer matrimonio, teme comprometerse nuevamente, desconfía de la inconstancia siempre posible de un esposo más joven que ella. Pero podría ser, sin embargo, que la celebridad que este hombre tan singular ha adquirido al aplastar la insurrección realista y el título de salvador de la República que se le ha adjudicado, disipen sus últimas reticencias.

Barras ofrece una gran cena en sus aposentos del Luxemburgo para conmemorar el tercer aniversario de la ejecución de Luis XVI. Josefina estima que Hortensia, de trece años, está en edad de ser presentada en el gran mundo. Deseosa de introducirla en el círculo de Barras, pide a su hija que la acompañe en esa velada. Pero, al enterarse del proyecto de su madre, Hortensia manifiesta su disgusto. Josefina se enfada y recrimina a su hija por su ingratitud hacia quienes, desde la muerte de su padre, la han estado protegiendo y ayudando a intentar recuperar la fortuna de los Beauharnais. Finalmente, Hortensia se resigna y asiste con su madre a Luxemburgo, donde ve por primera vez a Bonaparte. En la mesa, Hortensia se encuentra sentada entre su madre y el general. Durante la cena Bonaparte no hace más que gesticular y adelantarse para conversar con Josefina, al tiempo que intenta hacerse aceptar por la hija de su amante. Hortensia, se siente contrariada ante la idea de que su madre pueda casarse de nuevo, y brinda a su futuro padrastro una fría acogida. Napoleón se esfuerza por disipar la frialdad de Hortensia, pero lo hace tan torpemente que no logra conquistarla. La conversación de Bonaparte es vivaz y alegre. La admiración que por él siente el pequeño círculo de los íntimos de Josefina inquieta a Hortensia, que teme perder el amor de su madre si esta vuelve a casarse. Finalmente, el 19 de febrero de 1796 dan el gran paso: se publican las amonestaciones de la boda.

Durante todo este tiempo, convencido de que Francia sólo podrá abatir a Inglaterra atacando al continente, Bonaparte prosigue sus codiciosos planes. Preconiza la lucha contra Austria, aliada de Londres, mediante una ofensiva a los pequeños principados dependientes de que la Casa de los Habsburgo en el norte de Italia. Asedia al Directorio para imponer sus puntos de vista, pero Carnot, encargado de la conducción de la guerra, se muestra reticente. Por último, después de todo, el 2 de marzo de 1796 se nombra a Bonaparte General en Jefe del ejército de Italia.

Por otro lado, Josefina y Napoleón firmarán el contrato matrimonial el 8 de marzo, mediante el régimen de separación de bienes. Napoleón reconoce a Josefina el derecho a percibir todos los atrasos de rentas perpetuas y vitalicias; además, conserva la tutela de sus hijos y la administración de sus bienes. También sigue siendo de su propiedad el mobiliario, mantelería, ropa blanca, platería de la calle Chantereine, que ella poseía en época de Beauharnais y de los que se levanta un rápido inventario. Al día siguiente, 9 de marzo, a las diez de la noche, en la alcaldía de la II Circunscripción de París, el oficial del registro civil, procede a celebrar la boda civil de Josefina y Napoleón. Están presentes sus cuatro testigos: Barras, Tallien, Jean Le Marois, ayuda de campo del general, y el inseparable Calmelet, quien, como experto hombre de negocios, se ha preocupado de proteger los intereses materiales de Josefina y de sus hijos en la redacción del contrato. Curiosamente, en su acta de matrimonio, Josefina y Napoleón declaran tener ambos veintiocho años, tratando así de atenuar la diferencia de edad que los separa.

La familia Bonaparte queda estupefacta e indignada cuando se enteran del enlace. Napoleón no ha pedido el consentimiento de su madre, tampoco ha pensado en informar al jefe del clan, José, su hermano mayor. Desde este preciso momento nace la hostilidad y rivalidad irremediable, entre los Bonaparte y los Beauharnais. A partir de allí, en torno a Napoleón se forman dos bandos adversos que se hacen una guerra encarnizada, con emboscadas, ocultamientos y celadas, en la que todos los medios están permitidos con tal de echar a la intrusa.

En esta boda hay quien ha querido ver algo distinto a lo que fue en realidad. Algunos insinúan que Napoleón cayó en las redes de Josefina, cuyos encantos ejercían sobre él un mágico embrujo. Otros, por el contrario, pretenden que Barras, cansado de una amante molesta y deseando deshacerse de ella, habría alentado a Bonaparte a casarse prometiéndole el puesto de comandante en jefe del ejército de Italia; ambas interpretaciones dudosamente resistirían la crítica de los hechos. El matrimonio de Josefina y Napoleón no es el resultado de un capricho ni de una maniobra maquiavélica. Procede, más bien, de la conjunción de intereses de ambos cónyuges.

El 10 de marzo de 1796, por la noche, después de anunciar su boda al Directorio, Bonaparte va a tomar el mando del ejército de Italia, dejando a Josefina en París. Durante todo el viaje no deja de pensar en su mujer; desde cada etapa le manda una carta. Cuando se une a las tropas del otro lado de los Alpes, ya se abrasa en el fuego del violento amor que siente por Josefina.

Sin ninguna duda, es un hecho que Josefina ejerció sobre sus dos maridos una irresistible atracción, de la que dan prueba las apasionadas cartas que le dirigían. La correspondencia amorosa de Napoleón ofrece sorprendentes similitudes con la de Alejandro. Más allá de los convencionalismos redundantes, se observa el mismo ardor, atizado por el forzado alejamiento. En efecto, la vida amorosa de Josefina sufre las limitaciones de la vida militar. Sus dos matrimonios con oficiales comenzaron con separaciones inmediatas. Situación que hace nacer muy pronto los celos que provoca la pasión. Misteriosa en el amor, Josefina ejerce sobre Napoleón un íntimo poder. Ella es para él un mundo que no puede explicar: la ama y la teme; le inspira tiernos sentimientos e impulsos volcánicos. Ha encontrado en ella una pasión que le devora. Sincero en sus declaraciones, Napoleón, encuentra en su amor por Josefina la felicidad y la esperanza. Ha descubierto a su lado un auténtico placer, una clase de voluptuosidad desconocida para él. De sus sufrimientos él extrae un inefable deleite. Su madurez le ha conquistado; su belleza, su alma dulce y celestial le ha cautivado. Mientras su pasión se mantenga en la misma intensidad, le perdonará todo.

La soledad en Italia junto a su ejército, la distancia que le separa de Josefina, que permanece en París, constituyen otras tantas pruebas que Napoleón supera aferrándose a los recuerdos. No cesa de evocar en sus cartas el cuerpo de su mujer, que tan fuertes sensaciones le ha producido, como para conservar mejor en él la intensidad de los momentos que han pasado juntos. Constantemente, Napoleón lucha contra la desesperación que lo asalta. Teme que Josefina ya no responda a su amor; la duda lo embarga y le condena. En realidad tiene serias razones para inquietarse.

Josefina sigue siendo negligente, no se apresura a contestar las cartas de su marido. Los reproches de Napoleón recuerdan los de Alejandro. Ambos miden la intensidad del sentimiento amoroso de su mujer por el volumen de su correspondencia; lo que implica querer obviar el escaso gusto de Josefina por la escritura. No es de las que vuelcan con delirio al papel sus estados de ánimo o de las que aman consignar por escrito las ansias de su corazón. Su pereza para tomar la pluma aparece como una traición a los ojos de Napoleón. Se desconsuela al no poder encontrar en Josefina ese fuego mágico que encendía sus miradas. Teme que se aleje de él y en vez de alegrarse por las cartas que le dirige su mujer, Bonaparte se queja de que son escasas y cortas, y su estilo nunca testimonia un sentimiento profundo. Acabará reprochando a Josefina que su amor fue un ligero capricho. Antes de pensar lo peor, reprende a su esposa por dedicar demasiado tiempo a la vida social, que la obliga a descuidar sus deberes para con él.

Bonaparte colma a su esposa de obsequios, perfumes, un vestido de crêpe o un Corte de Tafetán de Florencia para hacerse una falda. Piensa sin cesar en Josefina; la desea, la espera y se preocupa de hacerle llegar fondos. Ya al día siguiente de su partida le envía un poder para que reciba mucho dinero. Pide a su hermano José que indique a Josefina que, si quiere comprar la casa de campo que acordaron pagar la mitad cada uno, puede destinar a ello treinta mil francos, sacándolos de los cuarenta mil que le quedan de los bienes traídos de Córcega. Por su parte, el Directorio no ha autorizado a Josefina a acompañar a su marido a Italia, por temor a que su presencia junto a él le distraiga de la conducción de la guerra. Pero después de algunas semanas de campaña, Bonaparte le suplica a su esposa que viaje cuanto antes. Solicita a Barras que su mujer vaya a su encuentro por el Piamonte; le tranquiliza asegurándole que ella no estará con el ejército.

Sin embargo, Josefina, deseosa de gozar en París de los triunfos de su marido, no demuestra gran entusiasmo ante la idea de ir a Italia. El escritor Antoine Arnault, uno de los íntimos de la casa de la calle Chantereine, que suele estar presente cuando Josefina recibe las ardientes cartas de Napoleón, observa como a ella le divierte la honda pasión, no exenta de celos, de su marido. El escritor sospecha que siente un inconfesable orgullo ante la idea de que Bonaparte la quiera al menos tanto como a la gloria. Efectivamente, la gloria de Napoleón aumentaba día a día, y a ella le encantaba gozar de esa encumbrada fama, pero era en París donde más le gustaba sentirla, en medio de las aclamaciones que sonaban a su paso a cada nueva victoria del ejército de Italia. Los retrasos en la partida de Josefina atormentan al general y provocan en él accesos de celos, que incluso le inducen a pensar en la posible infidelidad de su mujer.

Josefina no sabe qué hacer cuando Marat aparece de improviso a decirle que debe partir a encontrarse con su marido. Le cuesta trabajo renunciar a los agasajos de que es objeto; como en su momento lo fuera cuando Alejandro se destacaba en la Asamblea Constituyente. La consideración de los ciudadanos, los homenajes que le brindan cuando la prensa, hábilmente explotada por el general en jefe, exalta las victorias de Bonaparte, hacen que Josefina no sienta deseos de renunciar a tan embriagadores placeres. Por otra parte, en París se siente segura, pues el recuerdo de la prisión aún no está lejos y, justamente cuando logra disipar ese miedo espantoso a la muerte que la obsesionó durante varios meses, su marido reclama su presencia en un país que es objeto de una guerra. Josefina no piensa en las consecuencias de su negativa a encontrarse con él. Pero ciertamente ir ahora a Italia es superior a sus fuerzas. Necesita encontrar urgentemente una razón válida que justifique su decisión de permanecer en París y que no indisponga a Bonaparte. Se aventura a declararse encinta, anticipándose a las dudas de un eventual embarazo, sabiendo la ilusión que la paternidad le hace a Napoleón. Hasta indica que el médico le ordena calma y reposo, lo que hace desaconsejable el viaje. Pide a Bonaparte que tenga paciencia mientras esperan el término del feliz acontecimiento. Cuando él se entera de la noticia por medio de Marat, experimenta una gran alegría que comunica rápidamente a Josefina. Pero él ya lo sospechaba, pues en vísperas de su partida al ejército de Italia había creído comprender, por una observación de Teresa Tallien, que Josefina esperaba un hijo. Fue durante una cena en que Josefina se sintió mal y su amiga habría hecho algún comentario sobre su posible embarazo. Sin embargo, pronto comprendería Josefina la verdadera razón de su estado. No significaba la promesa de un embarazo, sino más bien la dolorosa comprobación de tener que renunciar para siempre a tener hijos. No podemos, por otro lado, asegurar que los supuestos embarazos de Josefina fuesen una superchería, ya que pudo ser víctima de alguna enfermedad debida a infecciones ginecológicas.

Es obvio que no puede continuar indefinidamente con el pretexto de un embarazo que tarda en confirmarse, de modo que, para no abandonar París, Josefina, finge caer gravemente enferma. El tormento consume a Napoleón, sus cartas prueban su desesperación. La mentira da sus frutos. Bonaparte le suplica que no haga nada que pueda comprometer su salud, y que anteponga su descanso a cualquier otra cosa. Le pide que renuncie a exponerse a los peligros de semejante expedición. Se desespera, y siente que el destino le golpea por mediación de ella. Napoleón, sin saber qué hacer, amenaza con abandonar su ejército y partir a París de inmediato. Enterado de su plan, el Directorio se alarma, Carnot se preocupa e intenta tranquilizarle sobre el estado de Josefina. Bonaparte recupera la calma y agradece al director las atenciones que ha dispensado a su mujer. Entonces, Barras interviene ante Josefina para que acabe con esa farsa, pues se estaba poniendo en juego nada menos que el éxito de los ejércitos republicanos. El Directorio, que hasta ese momento se ha opuesto al viaje de la ciudadana Bonaparte por miedo a que los cuidados que prodigue a su esposo puedan distraerlo de su gloriosa misión en aras a la salvación de la patria, se pone de acuerdo con Josefina, indicándole que podrá partir cuando caiga Milán. Ella se ve obligada a someterse a la presión directorial. No le resulta fácil renunciar a sus costumbres, sus amigos, una cena en casa de Barras o la representación de una pieza de teatro, y a Fortunato; ese perro que siguió a Josefina a la prisión de los Carmelitas y que desde entonces reina como un amo en su cama. Napoleón había intentado desalojar a Fortunato del lecho conyugal pero había sido imposible. Josefina declaró simplemente a Napoleón que o aceptaba compartir la cama o se iba a dormir a otro lado; de modo que el general tuvo que resignarse.

Cada día en la distancia, Bonaparte, recapitula las faltas de Josefina y se esfuerza en no amarla, pero reconoce que consigue el efecto contrario y que cada vez la ama más: *Búrlate de mí*, le escribe, *quédate en París, ten amantes y que todo el mundo lo sepa, no me escribas nunca. ¡Pues bien, te amaré diez veces más!*

Cuando el 24 de junio Josefina recibe su pasaporte, se alegra al ver mencionado, entre las personas autorizadas a acompañarla, a un joven subteniente empleado en el ejército de Bonaparte. Un tal Hippolyte Charles. Su presencia en la intimidad de Josefina explica por sí sola los numerosos contratiempos de la partida a Italia. Josefina se enamora de este joven de veinticuatro años que al menos la distrae. No trata de disimular su preferencia por él. Además, todo el mundo elogia su encanto y buen humor; conoce todos los cuentos y acertijos de moda; tiene talento para la imitación. Hippolyte sabe divertir a Josefina, y ella no está dispuesta a separarse de él. Puesto que no tiene más opción que encontrarse con su marido, Josefina prefiere viajar en las mejores condiciones, con la firme intención de aprovechar su viaje a Italia para arreglar sus propios asuntos. Asimismo, ha reservado un asiento en su coche para Hippolyte. El cortejo que sale de Fontainebleau el 27 de junio de 1796 adquiere el aspecto de una expedición.

Josefina es el producto de una educación y de un medio, preparada por sus padres para ser una buena candidata al matrimonio, formada para llevar el hogar de una casa honorable. En el momento en que empieza a pertenecerse, a emanciparse gracias a su viudez, de la sujeción en que la ha mantenido el matrimonio durante quince años, vuelve a caer, debido a su nuevo matrimonio y sobre todo a la fortuna de Bonaparte, en la privación de sí misma. Lo poco que ha conquistado de su carácter va a diluirse en el personaje público en que se transforma a pesar de sí misma, como a expensas de sí misma. Había aprendido a ser Yeyette, luego la vizcondesa de Beauharnais, luego la viuda de Beauharnais, luego Lapagerie Bonaparte, y ahora es la esposa del general en jefe, y pronto será la mujer del Primer Cónsul y, por último, la emperatriz Josefina. Pero es factible preguntarse si no existe sólo por esa proyección de sí misma sobre el exterior, a tal punto sus nuevos hábitos parecen tallados a su medida. Tiene necesidad, sin embargo, de un lapso de aclimatación para hallarse cómoda, período durante el cual experimenta una especie de trastorno interior, una dificultad para reconocerse en la imagen que proyecta.

# VI. DE GIRA POR ITALIA

En abril Bonaparte propone a Josefina que lleve consigo, en su viaje a Milán, a las personas que quiera acomodar. Al invitar a su mujer a enviarle a sus protegidos, Napoleón, cubre su tráfico de influencias. Josefina espera hacer de su periplo por Italia no sólo un viaje de placer sino también de negocios, por lo que invita a Robbé de Lagrange, un proveedor de los ejércitos, a unirse a su pequeña caravana. Sobrino del poeta Robbé de Beauverset, hijo de un director de *La Gazette de France,* Robbé de Lagrange se contó entre los amigos de Alejandro. Lagrange no ignora el dinero que puede hacerse en Italia, lugar privilegiado para las rapiñas y las ganancias fáciles y, en busca de hacer fortuna, se apresura a seguir a Josefina. Esta lo conoce desde hace tiempo por haberle frecuentado en los salones de su tía, en el círculo de las relaciones de su primer marido, y promete conseguirle diversos contratos para la venta de provisiones. Un favor merece otro: Lagrange por su parte se complacerá en entregarle parte de sus ganancias. Bonaparte se hace cómplice, y da al amigo de su mujer una carta de recomendación que lo acredita ante el Directorio. Lagrange obtiene para su empresa proveedora de elementos y ropas militares un contrato de forraje para los ejércitos de los Pirineos y de Italia. El Directorio es la época dorada de la corrupción. La magnificencia de un Barras, las costosas extravagancias de una Teresa Tallien o de Josefina, demuestran claramente dónde va el dinero, como para no preguntarse de donde proviene. Como esposa del General en Jefe del ejército de Italia, Josefina está especialmente expuesta al asedio de los abastecedores, ya que las necesidades de avituallamiento de los ejércitos de la República abre mercados extraordinarios que los proveedores consiguen a precio de oro. Se entiende con sus protectores para compartir los vergonzosos beneficios que logran en detrimento del Tesoro Público. Josefina controla la cadena completa de la concesión de negocios, desde los empleados de oficina de París hasta los ayudas de campo de Bonaparte. Todos los proveedores la cortejan y la encandilan con colosales beneficios. Ella sabe negociar a buen precio la eficacia de sus recomendaciones, y para darle mayor peso trabaja de acuerdo con Barras y el ministro de la Guerra. Las exacciones son tan grandes que escandalizan al cónsul general de Francia en Liorna, quien, el 21 de julio de 1796, escribe a Botot, secretario de Barras, informándole de los abusos de que es víctima el ejército. Se queja de encontrar siguiendo a los campamentos a una serie de personajes que hacen detestar el nombre de francés, pues lo deshonran: los comisarios de ejércitos, los encargados de los víveres y del forraje, los cuales saquean y roban con un descaro insultante y, cuando se lo han llevado todo, se quejan y reclaman.

En cortas etapas, la pequeña caravana se encamina hacia Milán. Las recepciones oficiales, los discursos y las ceremonias de protocolo de las que es objeto Madame Bonaparte, ocasionan cierta demora. El 8 de julio de 1796 están en Lyon. En compañía del embajador de Túnez, Josefina y sus amigos asisten en el Grand Théâtre a una representación de *Ifigenia en Áulide*. En Turín, la Corte de Cerdeña, que ha firmado la paz con Francia el 15 de mayo, la recibe con contritas atenciones que traslucen ampliamente el deseo de Carlos Emmanuel IV, cuñado de Luis XVI, de complacer al vencedor. Josefina encuentra allí a Marmont, cuya misión es escoltarla hasta Milán. Finalmente, el 13 de julio, hace su entrada triunfal en la capital lombarda, que ya ha recibido a Bonaparte como libertador.

El palacio Serbelloni, el más bello de la ciudad, será el escenario del reencuentro entre Josefina y Napoleón. Después de haber esperado tanto ese momento, Napoleón en vez de amarla, la adora. Enloquece, bromea con ella y actúa con una libertad de modales que desconcierta a veces a sus ayudas de campo. La alcaldía de Milán trata a Josefina, no como una republicana, sino como si de una Archiduquesa se tratara. Pero a pesar del buen recibimiento y las soberbias fiestas que le ofrecen, Josefina se aburre mortalmente en Milán y se muestra indiferente a tantos honores. Descubre que la notoriedad tiene un precio. Adiós a las encantadoras veladas en la casa de los Tallien, adiós a la proximidad de sus hijos, adiós a la comodidad de una existencia tranquila. Bajo sus modales siempre igualmente amables se trasluce ahora un leve aire imperioso en el tono. Escribe de igual a igual a los ministros, muestra una ligera superioridad hacia los jefes de administración a los que hace intervenir para solucionar este u otro asunto. Ya no solicita respetuosamente; ahora pide con amabilidad. Su actitud cambia también con respecto a su familia, y en especial con su tía. Se torna más esquiva y distante.

Josefina adquiere una soltura de soberana sin haber seguido una preparación particular para ello. Gracias a su conocimiento de las costumbres mundanas, ha aprendido a desenvolverse en escena; la vida social es un teatro en el que ama actuar. Hasta el momento se ha desenvuelto en compañías de aficionados, pero su permanencia en Italia le sirve de ensayo general antes del gran estreno.

El ejército de Bonaparte se encuentra llevando a cabo el sitio de Mantua, y él debe partir el 15 de julio para supervisar las operaciones. Así pues, como no puede abandonar el frente y desea tener a su esposa cerca, le pide que se encuentre con él en Brescia: *donde la espera el más tierno de los amantes*. Desea, de ese modo, poner fin a las insinuaciones celosas e injustas de Josefina, que sospecha que su esposo tiene devaneos con las mujeres de Brescia. A lo que Bonaparte responde, que su corazón sólo le pertenece a ella y que a él no le interesan esas aventuras, por lo que no debe tener motivos de inquietud. Josefina no se da cuenta de que al provocar constantemente a Napoleón, corre el riesgo de ir demasiado lejos. Si en los primeros tiempos Bonaparte no da crédito a toda la maledicencia que le llega acerca de la relación de su mujer con un joven subteniente, terminará por inquietarse ante tantos rumores coincidentes. Sintiéndose muy desdichado, en su desesperación, llega incluso a abrir el correo de su esposa, al tiempo que intenta convencerse de que no lo hace por celos.

Josefina quiere llagar a Verona, pero en Ponte Marco el enemigo le cierra el paso. Josefina pasa la noche en Peschiera, en un momento en que el enemigo se acerca peligrosamente a la ciudad. Por la mañana, llega Junot con un destacamento de dragones y una carta de Bonaparte ordenando a Josefina que parta de inmediato y regrese a Castelnovo. A pocas leguas de Pescara el convoy es atacado por la artillería austríaca y una bala mata a un dragón de su escolta. Pero Josefina, pese a la imagen que de ella se tiene de frivolidad y vida placentera, en medio de estas circunstancias tan críticas y nuevas para ella, no desfallece ni un sólo instante. De nuevo en Castelnovo, se encuentra con Bonaparte, quien confía su mujer a Hamelin y decide alejarla de la zona de peligro mandándola a Toscana. Atraviesan Bolonia, Ferrara y Luca, donde se detiene a descansar. Después de todo, Josefina lamenta no haber permanecido junto a Bonaparte, pues imagina que habiéndole seguido no habría corrido semejantes riesgos.

Continuando su viaje llega a Liorna, para después regresar a Brescia con su séquito, donde la buena suerte vuelve a hacer que coincida con Hippolyte. Bonaparte se encuentra en Cremona. Mientras, Josefina se obstina en dormir en Brescia, donde pasa la noche en compañía de su amante.

La actitud de Josefina para con los suyos es de generosidad, preocupándose constantemente por complacerles, y les manifiesta su afecto colmándoles de pequeños obsequios que son otras tantas pruebas de su cariño. Cuando regresa a Milán, su anfitrión el duque de Sebelloni, se apresura a viajar a París con una misión oficial. Ella le ruega que tenga la amabilidad de llevar algunas cartas a sus corresponsales y algunos obsequios a sus hijos.Tampoco olvida a su tía, Madame Renaudin, a quien el duque promete visitar para relatarle las recepciones que Italia dedicó a su sobrina, agasajada por los príncipes, que celebran fiestas en su honor en todas las ciudades que visitan. Sin embargo, Josefina declara que prefiere ser una particular en Francia que recibir estos agasajos, ya que en Italia no se divierte. Tampoco olvida a sus amigos de París, y hace llegar a Teresa Tallien un corte de crêpe y sombreros de paja de Florencia. Organiza un verdadero tráfico de mercancías entre Italia y Francia. Envía a París los tejidos más raros, las vituallas más apreciadas, los licores más finos. Se ocupa de negocios de todo tipo. Interviene para satisfacer las múltiples peticiones de su numerosa clientela: al mismo tiempo que envía a los unos curiosidades o golosinas de Italia, procura a los otros negocios lucrativos o codiciados empleos y, mientras Bonaparte recorre Lombardía con su ejército acumulando victorias, ella recibe de paso su merecida y sustancial parte de las ganancias logradas.

El 19 de noviembre, después de obtener la victoria sobre los austríacos, Bonaparte, más digno que nunca del reconocimiento nacional y de su alto destino, escribe a su mujer: *En fin, mi adorable Josefina, me siento renacer. La muerte ya no está ante mis ojos, y la gloria y el honor embargan todavía mi corazón. El enemigo fue derrotado en Arcole...* Pero el 23 de noviembre, al no recibir noticias suyas, Bonaparte cae de nuevo en la amargura de los días sombríos y no logra ocultar su resentimiento. Le envía de inmediato una carta cubriéndola de reproches y acusándola de ir de fiesta en fiesta alejándose de él, de inconstancia. Berthier teme que su general caiga en una peligrosa melancolía. Abrumado, Bonaparte se pone enfermo, Berthier se inquieta. Sordo a las órdenes de su superior, que le prohíbe avisar a su mujer, Berthier se siente obligado a desobedecerle y envía a su ayuda de campo a advertir a Josefina. Insiste para que ésta abandone las festividades de Génova y regrese cuanto antes con su marido. Josefina se pone en camino hacia Milán. El 10 de diciembre ofrece un gran baile en el palacio Serbelloni, en honor a Bonaparte y, para hacerse perdonar, rodea a Napoleón de los más solícitos cuidados. El 7 de enero de 1797, Bonaparte parte hacia Bolonia, pues los austríacos amenazan Verona. El día 14 se libra la batalla de Rívoli y Napoleón, tras la victoria, se siente agotado y cree caer enfermo, por lo que ruega a su esposa que parta hacia Verona. Josefina llega enseguida y acompaña a su esposo a Bolonia, mientras éste prepara su expedición contra la Santa Sede. Ella parece triste, distante, y Napoleón cree no poder sustraerla a su humor sombrío; comprende que su esposa desea volver a París, y esa idea le hace desdichado.

Por otro lado, Josefina duda de la fidelidad de Napoleón y le acusa de descuidarla por otras mujeres. No logra superar su insoportable defecto, los celos. Aunque quizá, este ataque responda a la estrategia de obligar a su esposo a defenderse para evitar así ser atacada. Se siente desdichada y confía sus temores a Berthier. Este intentará disipar las sospechas inútiles de Josefina, pues está convencido de que para Bonaparte no existe otra mujer más que ella. Berthier ha comprendido muchas cosas, mas no lo ha adivinado todo; sea que no ha advertido lo esencial, sea que lo percibe y no osa confesarlo, la realidad es que Josefina llora en los brazos de Napoleón la ausencia de Hippolyte. Charles está retenido constantemente en el Estado Mayor. Al salir de París, ella esperaba que su viaje a Italia fuera un viaje de amor, que nada la separaría del subteniente. Sin embargo, ya hace siete meses que recorre la península y sólo ha podido tener con Charles escasos y furtivos encuentros. Se impacienta, llora, muere de amor. Su mal humor se desata y no perdona a nadie. Pero hay que aparentar ser feliz mientras el corazón es desdichado. Sus fuerzas disminuyen, se vuelve taciturna; cae enferma en Bolonia. Trata, no obstante, de tranquilizar a su hija sobre su estado de salud.

Le cuesta acostumbrarse a una separación tan larga de sus hijos. Recupera las fuerzas ante la idea de que no está lejos el momento de reencontrarse con ellos. Se informa acerca de los progresos de su hija en dibujo y le ruega le envíe de vez en cuando alguno de sus esbozos.

Josefina confía enteramente a Madame Campan la educación de Hortensia, pues encuentra en ella la bondad, la inteligente ternura de una madre ocupada en formar los corazones de sus jóvenes pupilas y en cultivar su talento. A los catorce años, Hortensia ha llegado a una edad en que una señorita ha de preocuparse en crearse una buena reputación en sociedad. Su madre ha pedido a su querida amiga Teresa Tallien que acompañe a su hija y la guíe en los salones. Sin embargo, Hortensia no estima demasiado la compañía de Teresa, y desearía librarse de la tutela de una mujer que estima poco digna de su inocencia; se confía a Bonaparte y le pide que interceda en su favor. Hortensia insinúa que las relaciones de su madre son poco recomendables para una joven de buena familia, opinión que ya había manifestado en ocasión de su presentación a Barras. En verdad, Madame Campan cultiva en sus alumnas virtudes en las que Teresa no destacaba. Sin embargo, Josefina, como parece lógico, no comparte la opinión de Hortensia sobre su amiga.

Bonaparte hace todo lo posible por ver feliz a Josefina, pero privada de la presencia de sus hijos y de sus amigos, su angustia se acrecienta. Encuentra Italia insípida y desagradable, necesita ver de nuevo a Eugenio, a Hortensia y a algún que otro amigo sincero, para compensar el tedio que a menudo la invade. Para conseguir la vuelta a París no duda en escribir a Barras, para que éste a su vez interceda ante Napoleón y le pida que declare la paz. La audacia de Josefina es sorprendente. Interviene en la diplomacia, siempre con esa desenvoltura, rozando con desapego en los temas esenciales, como si les concediera poca importancia. Se ha formado una opinión sobre esa guerra que la retiene prisionera al otro lado de los Alpes. Con gran naturalidad, reclama la paz para su seguridad personal. Corre en auxilio del negociador austríaco, el conde Luis Cobenzl, duramente tratado por Bonaparte. El diplomático se queja a Josefina de la cólera del general. Josefina que sabe calmar las impetuosidades de su marido, no escatima esfuerzos para facilitar las relaciones entre los dos hombres. El 18 de octubre de 1797, Bonaparte encarga a Berthier que lleve a París el tratado de Campoformio, que acaba de firmar con los austríacos.

El Directorio, desacreditado ahora ante la opinión pública, querría deshacerse de un general que se ha vuelto demasiado molesto. Le inquieta la popularidad de Bonaparte y, para mantenerlo alejado el mayor tiempo posible de la capital, el gobierno decide enviarlo a

Rastadt a terminar las negociaciones de paz. Josefina va a reunirse con él, pero no se decide a abandonar Italia sin visitar Roma. Le comunica su proyecto a Bonaparte, quien advierte a su hermano José, embajador ante la Santa Sede, que su esposa tiene la intención de dirigirse a Roma y, que en caso de que hubiera disturbios, mandase un correo a Florencia para que el viaje no se llevara a cabo. Bonaparte preferiría que no lo hiciera, pues teme algún contratiempo. Finalmente, Josefina renuncia a descubrir Roma y se dirige hacia Venecia, donde pasa unos días deliciosos en brazos de Hippolyte, que ha obtenido un oportuno permiso del general Leclerc. El gobierno provisional de la República Serenísima, la recibe como a una reina, exhibe un inaudito fasto para honrar, a través de ella, al héroe Bonaparte.

Josefina ignora o finge ignorar que en París se la espera con impaciencia desde el 24 de noviembre y que Bonaparte había regresado el 6 de diciembre. De modo que se encamina tranquilamente del brazo de Hippolyte hacia los Alpes. Llega a Lyon el 19 de diciembre. Por la noche la ciudad se ilumina en su honor, se ofrecen bailes y fiestas; le entregan una corona de rosas y, para Bonaparte, una rama de laurel. Los artistas abren una suscripción para homenajearla con una medalla conmemorativa de la gloria del general. En París todos se asombran, se impacientan, se indignan. Se habla de provocación. Los rumores más diversos circulan sobre ella, pues es conocido que no viaja sola. No se sabe cuándo llegará exactamente, de modo que Talleyrand, a la sazón ministro de Exteriores, posterga la gran recepción que se tenía prevista. Josefina llega a París el 2 de enero de 1798. Napoleón, inocentemente, le pide explicaciones por la demora.

# VII. PREPARANDO LA CAMPAÑA DE ORIENTE

Charles-Maurice de Talleyrand-Périgord, se prepara para recibir en su residencia a Madame Bonaparte, que tanto se ha hecho esperar. Lejos de ofenderse y tomar la demora de Josefina como una afrenta, la excusa. A las diez y media de la noche, *la generala* hace entrada del brazo de su esposo, admirada por todos. Sin embargo, Josefina se mostrará de mal humor durante toda la velada. Se teme que haya llegado a sus oídos lo que dicen los bromistas, que pretenden que su tocado, una especie de gorro de tela de oro, pertenece al guardarropa del dux de Venecia. La fiesta se prolonga hasta tarde. Talleyrand puede estar satisfecho de su brillante recepción, que ha conseguido resucitar el espíritu del Antiguo Régimen en una fiesta republicana.

El matrimonio Bonaparte se dedica a desplegar una desmesurada amabilidad con el fin de asegurar el prestigio social del general. En efecto, en la partida que juega para conquistar a los hombres, Bonaparte sabe que puede contar con Josefina. En ocasiones ella es una de las más valiosas aliadas. En Italia, Bonaparte comprendió que su destino superaría el marco de la carrera militar. Ha degustado el poder y ha encontrado delicioso ese elixir. De ahora en adelante su ambición tiene un sentido, porque sabe donde va: marcha hacia el poder, con Josefina a su lado. Pero antes de conquistar hay que convencer, y para convencer hay que seducir; éste es un servicio que Josefina le presta con brillantez.

El golpe de Estado del 18 fructidor del año V (4 de septiembre de 1797) ha arruinado definitivamente el crédito del régimen. Fue organizado por el Directorio en contra del Consejo de Quinientos y el Consejo de Ancianos. Por su lado, Bonaparte cuenta con el favor de la opinión pública, pero está lejos en cambio de obtener el apoyo del Directorio, que manifiesta hacia él desconfianza y hostilidad. A los directores no les queda nada de su orgullo inicial más que una enfermiza susceptibilidad. Bonaparte, que trata de consolidar su propia posición, considera más prudente apartarse de la vida pública, pues su popularidad irrita a los señores del Luxemburgo. No quiere que se sospeche que alienta las manifestaciones de su reconocimiento popular y se aísla en su mansión de la calle de la Victoria. Declara su intención de vivir como un simple ciudadano. La línea de conducta que adopta en ese comienzo del año 1798 es aparentar no ser nada y no ocuparse de nada. En realidad, acomete bajo cuerda una vasta tarea de seducción. Josefina sirve de oculta embajadora ante los miembros del gobierno y de las asambleas. Establece contactos con los medios financieros. Organiza comidas que reúnen a banqueros como Ouvrard o Perrégaux, grandes abastecedores como Collot, jóvenes oficiales de futuro prometedor como Junot, Marat o Leclerc, que hay que ganar para la causa de Bonaparte. Éste, tras infructuosos intentos ante algunos colegas de Barras y su evidente retiro de los asuntos públicos, se vuelve finalmente hacia Talleyrand. El ministro habla con Bonaparte de las oportunidades diplomáticas en que es fecundo el Oriente y somete al dictamen general un plan de conquista de Egipto, esa provincia del Imperio otomano que escapa al control del sultán.

A Bonaparte le apasiona el tema de Oriente y acaricia el proyecto de la conquista de Egipto. Mientras, los directores, nada atraídos por ese proyecto, reclaman un desembarco en Inglaterra. Decidido a imponer su criterio a cualquier precio, Napoleón amenaza al Directorio con dimitir si éste no tiene en cuenta sus proyectos. Para quien ha sabido vencer a los austíacos y reorganizar Italia, persuadir a cinco directores obstinados no es una prueba insuperable. Dotado de inquietantes facultades, su don para manipular a los seres, y su inflexible voluntad, Bonaparte, experto tanto en los golpes bajos como en las combinaciones majestuosas, practica alternativamente el arte del halago y de la amenaza, blandiendo ante los representantes del ejecutivo el espectro de la derrota política.

Algunos republicanos intentan dar forma a una especie de religión laica. Napoleón, que poco tiempo antes se burlaba de la idea, ahora le concede especial atención para hacerse perdonar por La Réveillière, su gran maestre, de las cosas desagradables que ha dicho respecto a él. Finge ser un ferviente adepto, evoca las Cruzadas. El director, maravillado, sueña ya con convertir a los pueblos de África y Asia. Con la misma habilidad vence las reticencias de Merlin y de François de

Neufchâteau, explicándoles que la conquista del valle del Nilo alejaría por un tiempo a los soldados considerados indeseables para la salvación de la República, mientras que en los confines del desierto de los faraones servirían a su gloria.

Barras y Reubell, son los dos miembros del Directorio más opuestos al tema de Oriente, por lo que Josefina intentará influir sobre ellos. Hacia el primero dirige una ofensiva de encanto un poco abrumadora pero muy eficaz. Le invita a la calle Chantereine. Además, adopta aires de conspiradora. ¿Qué conspira y qué misterio se oculta detrás de su invitación? Desde hace un tiempo se observa una actividad febril en la calle de la Victoria, así como discretas idas y venidas. Bonaparte, que permanece invisible, consulta a numerosos especialistas en temas de Oriente. Josefina se encarga de que se vean con Barras. Invita a su querido amigo a pequeñas cenas íntimas que reúnen a sabios o a diplomáticos como Verninac, ex enviado extraordinario de la Convención a Constantinopla y a otros, todos ganados ya al proyecto del general.

Josefina se dedica de lleno a la expedición de Egipto. Atempera el entusiasmo de Bonaparte pero no escatima sus esfuerzos. Asedia a las personalidades más hostiles al proyecto; cena con los ministros de Guerra y de Marina. Las gestiones de Josefina no son inútiles y contribuyen a vencer el último reducto de los adversarios a la aventura de Egipto. El 5 de marzo el Directorio dará su acuerdo definitivo. Los riesgos que corre son limitados, ya que si la expedición tiene éxito, el gobierno saldrá reforzado y, si fracasa, se desembaraza de un general cuya presencia le inquieta.

Cabría preguntarse, qué busca Josefina al intervenir de ese modo en un proyecto que nada le reporta: ¿Quiere ver alejarse a Bonaparte para estar libremente con su amante? ¿Piensa que esa expedición servirá a los intereses de su esposo impulsándolo a la cima de una gloria que comenzó en la campaña de Italia? Impresionada por los relatos de los exploradores del desierto, ¿desea acompañar a Bonaparte en esas aventuras y descubrir la misteriosa civilización de los faraones? Más adelante, Barras no encontrará palabras suficientemente duras para condenar la expedición a Egipto, pero de momento, muestra una gran gentileza hacia Josefina.

Botot, Barras y Schérer garantizan a los hermanos Bodin la obtención de fructíferos mercados. Josefina, por su parte, les garantiza cierta inmunidad en caso de eventuales represalias de Bonaparte. Los dividendos son repartidos entre toda la banda y suponen una fuente regular de ingresos. Desde que Josefina presentó a Hippolyte Charles a los hermanos Bodin, ella se esmera en proteger los intereses que estos tienen en el negocio de abastecimiento del ejército. En ocasiones, Hippolyte le sirve de testaferro en operaciones dudosas de especulación con bienes nacionales. Reubell, que controla en el Directorio la administración militar, impone a los generales que recurran a sus servicios, sabiendo que sus tarifas son prohibitivas y demoran la entrega de las mercancías. El comisario Duport se da cuenta de su impotencia para perseguir la gran cantidad de especuladores que se cierne sobre Italia. Decide informar al Directorio, pero sin ninguna confianza en tener éxito, pues los beneficiarios son protectores situados muy arriba. La maraña de influencias parte desde París, donde algunos generales aprovechan su autoridad para hacer entrar mercancías sin pagar derechos aduaneros, y luego revenderlas a buen precio.

Puede que Bonaparte prohibiera a Josefina frecuentar a los abastecedores, pero ella hace caso omiso, del mismo modo que el propio Bonaparte tampoco se priva de mantener relaciones con Collot, quien le prestará grandes servicios en momentos del golpe de Estado. La compañía Bodin enriquece considerablemente al clan Barras. Corre insistentemente el rumor de que Reubell proyecta casar a su hijo, que pasa por ser uno de los mejores partidos, con Hortensia Beauharnais, pero la interesada no parece dispuesta a aceptar tal proposición. Quien hubiese tenido conocimiento entonces de lo que realmente se tramaba entre los directores y Josefina habría comprendido mejor por qué el gobierno nunca opuso una total negativa al proyecto oriental de Bonaparte, tan controvertido y peligroso.

Josefina añora a Hippolyte, le confiesa que su vida es un constante suplicio, y que sólo él puede devolverle la felicidad. Al mismo tiempo, le pide que le haga llegar cincuenta mil libras de los billetes que él tiene depositados, pues Collot se los reclama insistentemente. Así interviene, con la complicidad de su amante, en el oscuro negocio de préstamos entre dos compañías que se reparten el mercado de abastecimiento al ejército de Italia. El 16 de febrero de 1798, Josefina tiene intención de ver a Barras, que la invita a cenar dos días después con el fin de proseguir tranquilamente las conversaciones. Pero el regreso inopinado de Bonaparte, que vuelve antes de lo previsto de una gira por las costas del mar del Norte, obliga a Josefina a pedir a Botot que

*Un breve descanso en las campañas de Persia.*

la disculpe ante su amigo por no poder asistir a la cena. Todos estos tejemanejes distraen a Josefina de sus obligaciones conyugales.

En efecto, Bonaparte tiene motivos más que fundados para preocuparse. Luisa Compoint, despedida por Josefina, a la que resultaba enojoso que fuese la amante de Junot, se vengó de ella contando a Bonaparte la relación de su mujer con Hippolyte, y de cómo, en su periplo por Italia, dormían en los mismos albergues y viajaban en su coche; confidencia que, según diría más tarde Bonaparte cuando se encontraba en Santa Elena, hubiese preferido que no le hicieran. El 19 de marzo, su hermano José termina de abrirle los ojos confirmando las habladurías de la doncella y también le pone al corriente de los negocios de Josefina, que conoce por su vinculación a Pierre-Joseph-Fleury Jubié, apoderado de Louis Bodin. Por él está al corriente de los entresijos de las operaciones de la compañía y de lo comprometida que está su cuñada en adjudicaciones forzadas de compras. Cuando revela a Napoleón que su mujer le engaña, abusando de su confianza y de su nombre, éste, que se siente traicionado doblemente, explota y mantiene una violenta escena con Josefina. Le hace infinitas preguntas y la presiona para que responda a las acusaciones de su hermano José. Josefina se defiende como puede; no niega la totalidad de las acusaciones de su cuñado. Sospecha que Bonaparte recurrirá a los medios más viles para obtener un divorcio que no tiene coraje de pedirle abiertamente.

Al finalizar este episodio, se apresura a escribir a Hippolyte rogándole la máxima discreción, al mismo tiempo que le reitera su amor. Arremete contra la familia de su esposo, a la que hace responsable de su desesperación. Por otro lado, le pide a Hippolyte que se ponga en contacto con Bodin: *Dile a Bodin que diga que no me conoce; que no obtuvo por mí el negocio del ejército de Italia...; que utilice sólo las cartas que le he dado para Italia algún tiempo después de su llegada a ese país y sólo si fuera necesario...*

La escena con Bonaparte no ha causado efecto alguno en Josefina, que no piensa dejar de negociar su influencia. Además, ¿por qué habría ella de demostrar más integridad que sus cuñados, que no se privan de aprovechar su posición para enriquecerse a la vista y a sabiendas de todos? Mas las lágrimas copiosas de Josefina bastan para convencer a Bonaparte de su inocencia. Sus sentimientos hacia ella, sus viajes por las costas del mar del Norte, sus constantes trabajos para los preparativos de la expedición a Egipto y su corta permanencia en París no le permiten dar cabida a sus sospechas. Bonaparte, que una vez más perdona, compra la casa de Julie Carreau en la calle Chantereine. Para proteger a Josefina de las incertidumbres del mañana y de la rapacidad de su familia en caso de que a él le ocurriera algo en Egipto, toma disposiciones e incluye en el acta de cesión una cláusula de garantía contra cualquier intento de despojo contra su esposa.

El 19 de mayo, la armada reclutada por el Directorio y puesta bajo el mando del contralmirante Brueys levanta anclas en Tolón. Se emprende la campaña de Egipto. Bonaparte ha creído preferible dejar a Josefina en tierra por temor a los barcos británicos que han sido vistos por la zona. Desde la ensenada, Josefina ve alejarse el *Orient*, en el que viajan su marido y su hijo. En el caso de que en los primeros quince días ella siguiera sin poder embarcarse, convendría retrasar su salida. Bonaparte decide aprovechar ese contratiempo para enviar a su mujer a someterse a una cura termal en Plombières, cuyas aguas tienen fama de curar la esterilidad. Pero antes de ir a las termas, Josefina permanece unos días en Tolón, en casa del ciudadano Najac, prefecto marítimo, y después por la región llegando hasta Marsella. Sube tranquilamente por el valle del Ródano. El 10 de junio entra en Lyon. Nada más llegar acuden a verla los Bodin. Están fuera de sí. Acaban de enterarse de que el general Brune, comandante de los ejércitos de Italia, ha notificado su intención de romper el trato que la compañía obtuvo gracias a la intervención de sus cómplices. No hay que perder un instante. Josefina alerta de inmediato a Barras y le pide que presione a Brune para que se muestre más comprensivo y cese en su actitud de inquietar a los Bodin con sus maniobras. Discretamente, el director interviene ante el comandante de los ejércitos de Italia y encuentra argumentos para convencerlo y llegar a una posición más conciliadora; el negocio y las comisiones están a salvo.

Josefina puede continuar su viaje con más tranquilidad. El 14 de junio llega por fin a Plombières, para una cura de un mes, mientras espera unirse a Bonaparte. Honrados por su presencia, los habitantes la reciben solícitamente, pero a pesar de los esfuerzos que realizan para agradar a su distinguida huésped no logran disipar el tedio de su ciudad. Lo primero que hace Josefina es informar de su dirección a Hortensia, tanto más cuanto que las cartas de su hija se espacian. Le promete que irá a abrazarla antes de partir para Egipto y que permanecerá algunos días con ella en París. Pero, mientras espera volver a verla, le envía para consolarla algunas prendas de vestir. Para Josefina la mejor manera de sustraerse a la inactividad es seguir minuciosamente su tratamiento. Tomar las aguas varias veces al día es su única distracción. Confía a Barras que las únicas relaciones que tiene son las de la ciudadana Cambis, que ha tenido a bien acompañarla y le ruega que le transmita noticias de Bonaparte tan pronto como las reciba, ya que su separación la tiene sumida en una increíble tristeza.

Sabe que José mantiene frecuente correspondencia con su marido, pero su cuñado es tan pérfido que teme constantemente su maledicencia. Según amigos comunes, que le han transmitido sus palabras, José habría dicho que no estaría tranquilo hasta verla separada de Napoleón. Josefina que no le perdona haber denunciado a Napoleón su relación con Hippolyte y sus negocios con los Bodin, le detesta. Ante tantas bajezas, sus inquietudes están ampliamente justificadas. También Napoleón sospecha cierta malevolencia de su hermano hacia Josefina y le recomienda tener consideración con ella. Para defenderse de los golpes bajos de José, Josefina se muestra como una esposa seria, plena de solicitud hacia su marido. Sin embargo, ¿cómo estar segura de que las cartas que le envía puntualmente le llegan en realidad? Quiere protegerse de los eventuales reproches de Bonaparte, que al no recibir cartas suyas podría acusarla otra vez de olvidarle. Recurre de nuevo a Barras, a quien manda toda su correspondencia, rogándole que, a su vez, la remita a Bonaparte. La confianza que Josefina pone entonces en Barras es tan grande que le convierte en su principal confidente. No encuentra palabras suficientemente cálidas para asegurarle la sinceridad de su afecto. Pero teme parecer más interesada en la influencia del gobernante que en el afecto del hombre. Le aclara que le estima por él mismo y le asegura la rectitud de su amistad.

Pero el 20 de junio de 1798, un hermoso perrito pasa por la calle rompiendo la monotonía diaria de su estancia en Plombières. Madame de Cambis lo ve y llama a sus compañeros. Josefina, el general Colle y el ciudadano Latour, que acuden para admirar al bello animal. Pero el balcón en el que se encuentran no resiste el peso de todos, y se desploma desde una altura de cinco metros. Milagrosamente los hombres aterrizan indemnes sobre sus pies, pero las dos mujeres yacen en el suelo. Levantan a Madame de Cambis con una pierna fracturada, pero el estado de Josefina inspira gran inquietud. Temen la parálisis e incluso la muerte. Todo el mundo se conmociona. El doctor Martinet, médico supervisor de las termas, se dedica a prevenir las enojosas consecuencias del accidente. Se administran purgantes a la paciente; la sumergen en baños calientes, la friccionan, le aplican sanguijuelas en las partes contusas, la cubren de compresas, de cataplasmas, de sedantes, de patatas cocidas. Martinet envía a diario a Barras un detallado informe. Pero diez días después del accidente aún no se siente recuperada. Padece fuertes dolores en el bajo vientre y en los riñones, y le hacen tomar baños todos los días. Mientras, dirige cartas a Barras que, según sus propias palabras, la consuelan anímicamente.

El dolor que la extenúa no altera el celo que pone en ayudar a sus protegidos. La noticia de su accidente moviliza a sus amigos. Los más solícitos se ofrecen a acompañarla para darle ánimos. Muy atentos le prodigan cuidados que la distraen de su soledad. Pero pronto comienzan a quejarse ante ella de las injusticias de que han sido objeto. El jefe de batallón Victor de Lahorie, ex compañero de armas de Alejandro, se dedica a consolar a Josefina, y para hacerle olvidar sus males le habla constantemente de sus dificultades. En efecto, Lahorie cree estar pagando su fidelidad y devoción al general Beauharnais. Privado de promoción desde hace dos años, considera ser merecedor de un nuevo ascenso. Josefina, que considera un deber defender la memoria de Alejandro siempre que se le presente la ocasión, se apresura a recomendar a Loharie a Barras. Josefina no podía adivinar que Loharie terminaría mezclado en una conspiración y traicionaría un día su confianza al sublevarse contra Bonaparte, siendo fusilado por orden de éste. El general Beurnonville, ministro de Guerra durante la Convención, también aprovecha la convalecencia de Josefina para hablarle de su infortunio. Liberado tras dos años de cautiverio en Austria, el general carece de recursos económicos. A fuerza de reclamar, obtuvo al fin una indemnización, sobre la que tuvo que pagar fuertes impuestos. Sus altercados con la Tesorería General son constantes. Espera que Josefina intervenga ante Barras; ella lo hace gustosa. Incapaz de ser indiferente a las dificultades de los demás, Josefina despliega toda su capacidad de seducción para complacer a sus allegados, parientes, relaciones lejanas y a veces hasta desconocidos. No sabe negar nada, y hace suyos todos los ruegos: conseguir el puesto de subjefe de la primera división de las oficinas del ministerio de Guerra para Augustin-Lauren de Rémusat, futuro prefecto de palacio; asegurar el mando del fuerte Saint-Nicolas de Marsella a Félix Bacciochi, que será luego su cuñado; encontrar empleo para el sobrino de la abadesa de Panthémont; colocar en la Ópera de París a un bailarín expulsado de Italia por sus convicciones patrióticas; ayudar en sus sinsabores a una tal ciudadana Girod, enfrentada a la burocracia administrativa; procurar una gratificación a la mujer del médico de Napoleón; incitar al ministro de Policía a tachar de la lista de emigrados a tal o a cual primo político de su marido. También interviene ante el ministro de Marina para aliviar la vejez del marqués de Beauharnais, más que octogenario. Invoca su posición y enumera los servicios prestados por su suegro, así como por Alejandro, para que no olviden socorrerlo.

Josefina, poco a poco, va cambiando el tono empleado para dirigir sus peticiones. Ahora el ministro es un subalterno y, si bien las formas de la cordialidad siguen siendo respetadas, hay en la petición casi una orden. La autoridad adquirida por Bonaparte comienza a desbordar la amabilidad de Josefina. Esas decenas de cartas de recomendación hacen un alto obligado en Barras, luego, distribuidas a los ministros competentes, siguen su camino hacia las distintas administraciones, y finalmente caen en el escritorio de algún jefe de división que se esmera en responder a ellas lo mejor que puede.

Josefina convaleciente no deja de llorar y, para reconfortarla, los médicos le aseguran que en un mes estará totalmente restablecida, aunque veinte días después del accidente sigue sin experimentar una notable mejoría. Bonaparte sigue enviándole encantadoras cartas en las que le declara ser incapaz de vivir sin ella. Le ruega que embarque en Nápoles; Josefina no renuncia al proyecto de reunirse con él pero, por el momento, su salud le impide emprender semejante expedición. Una vez más se difiere la partida. La población la trata como a una reina, pues Bonaparte ya no inspira inquietud sino admiración y pronto adulación.

Como aún le faltan las fuerzas, Josefina ruega a los representantes de Épinal que posterguen la fiesta que quieren celebrar en su honor. Detrás de Josefina se perfila ya la imagen de la futura Emperatriz. Su arte de representación se percibe en la manera de devolver un cumplido, en la sencillez para recibir los testimonios de afectuosa deferencia de los ciudadanos. El 28 de junio de 1798, Madame Bonaparte, recibe a una delegación de notables que, en nombre de las administraciones, vienen a expresar su deseo de una pronta recuperación de la esposa del vencedor de Italia y fundador de varias repúblicas. Al fin, convaleciente, Josefina va a Épinal, donde recibe testimonios inimaginables de estima y afecto a Bonaparte. Josefina presiente cuanto importa cultivar la popularidad de Bonaparte. Promete pues a sus interlocutores llamar la atención del gobierno sobre la suerte de una región que se cree olvidada por París.

El 12 de agosto llega a Plombières el director Reubell con sus hijos. Rubell está asociado a Josefina en la compañía Bodin, y vería con agrado el matrimonio de uno de sus hijos con Hortensia. Esa alianza reforzaría más su vinculación y garantizaría un futuro que se presenta incierto, sobre todo si Bonaparte sale engrandecido de la aventura egipcia. Más aún, el Directorio, por intermedio del ministro del Interior, ha enviado a Josefina un bonito sable para el general. Ella lo acepta gustosa, pero observa que habría sido conveniente que el gobierno le remitiera esa distinción con más miramientos hacia Bonaparte.

El ejército ha penetrado hacia el sur en el desierto egipcio, bajo el sol abrasador, y se siente acosado por el calor, la sed y el hambre. El 19 en Uardán, Bonaparte vuelve a oír hablar, a su alrededor, de las infidelidades de su mujer. Estalla en una escena de violencia inhabitual, más dramática aún por el estado de perturbación que afecta al general. Josefina ignora el drama que en ese momento tiene lugar en el frente. Desde el desembarco del cuerpo expedicionario en Alejandría, el 2 de julio, están cortadas las comunicaciones con Francia. Bonaparte no puede ponerse en contacto con el Directorio ni con Josefina. No le llegan las cartas e ignora por completo su accidente. El desaliento de Bonaparte atiza su cólera. El dolor y las grandes preocupaciones perturban su mente y la emprende contra sus ayudas de campo y su secretario. Acusa a Bourrienne de haberle ocultado la verdad. Amenaza con exterminar a los difamadores y con el divorcio, pues no quiere ser el hazmerreír de todos los que él llama inútiles de París. La tormenta se calma rápidamente ante las victorias logradas sobre los mamelucos: las Pirámides el 21 de julio, la rendición de El Cairo el 23. Hay que prevenir a Josefina acerca del escándalo que puede producirse en cualquier momento en París. Eugenio se encarga de adverirle de la situación. El afecto filial impide a Eugenio juzgar los devaneos sentimentales de su madre, pero deja cernirse la duda sobre su inocencia, que admite más por deber o por honor que por convicción profunda. Bonaparte confía sus pesares domésticos a José: se confiesa harto de la naturaleza humana, y de lo insulsa que le parecen la grandeza y la gloria. Necesita soledad y aislamiento.

# VIII. JOSEFINA EN EL 18 BRUMARIO

Después de tres meses de cura en Plombières, más ocupada en sanar sus heridas que en tomar las aguas, Josefina desea emprender viaje de regreso a París. El 12 de noviembre de 1798, los habitantes de Plombières, con lágrimas en los ojos, ven alejarse el coche de Josefina. Su presencia sólo les ha deparado alegría. La caída de Josefina ha sido beneficiosa para ellos. Nunca se habló tanto de esta localidad en los pasillos del poder.

Josefina se dirige a Nancy adonde llega a medianoche y recibe las visitas de las autoridades constitutivas. A la tarde siguiente, rechaza la corona de laurel que quieren entregarle, pero acepta el ramo de olivo que se le ofrece al finalizar el espectáculo realizado en su honor. El 15 de septiembre por la noche, Josefina está de regreso en París después de cuatro meses de ausencia. Lo primero que hace es inquirir noticias de Barras, que se ha retirado a su posición de Grosbois. Al enterarse del desastre de Abukir, la emoción de Josefina se extrema. Inquieta por la suerte de Bonaparte, solicita al director que la reciba con urgencia. Presa de tristes presentimientos, Josefina termina el año 1798 angustiada por el insoportable silencio forzado de Bonaparte y los engañosos rumores de la muerte del general. En cuanto a sus asuntos privados, toman decididamente un mal cariz. Josefina hace todo lo posible para que sus cartas lleguen a Egipto. Aguarda con impaciencia el momento de reunirse con su marido y con Eugenio.

Durante la campaña de Italia Bonaparte consiguió una importante fortuna que asegura a Josefina un confortable desahogo, suficiente para satisfacer su gusto inmoderado por el lujo. Posee una gran cantidad de perlas, diamantes y camafeos. La península conquistada ha contribuido a la acumulación de esos tesoros. Pero no logra ser rica; tiene joyas, antigüedades, cuadros, estatuas, mosaicos en cantidad, pero sus deudas son aún más grandes. En efecto, a pesar de esas riquezas carece de dinero para pagar sus menores gastos. Sólo sale de apuros vendiendo su crédito ante los poderosos, pero ese negocio, en un tiempo lucrativo, la compromete con imprudentes relaciones.

En ese comienzo de 1799 Josefina aspira a los placeres de la vida campesina, que no disfruta desde que dejó la Martinica. Sola, cansada de las intrigas y maquinaciones de sus cuñados, después de comprobar que Barras también rehuye cada vez más su compañía, se dedica a la tarea de buscar ese lugar que necesita para alejarse de tantas tensiones. En una ocasión, a su regreso de Italia, Bonaparte habló de adquirir una casa en el campo lejos de la capital, Josefina recordó entonces que en una cena con los Tallien, el financiero Couteulx du Molay le confió su deseo de vender su propiedad de Malmaisons situada a tres leguas de París. Bonaparte y Josefina la visitaron a comienzos de 1798. A pesar de la permanencia del general en Egipto, ella pensó llevar a buen término el proyecto, que se prolongará durante casi seis meses. Sin noticias de su marido, sin contar siquiera con su regreso, Josefina firma el documento de venta el 21 de abril de 1799, mediante el pago de doscientos veinticinco mil francos, más treinta y siete mil quinientos diecisiete francos con sesenta y cinco centavos por el mobiliario. Sin dinero, debe pedir prestados quince mil francos al administrador de los ex propietarios a fin de entregar un adelanto al notario. Barras se complacía en repetir que a Josefina le habría costado mucho pagar parte del precio de su casa de campo, si no hubiese sido ayudada por la gente de la compañía Bodin, a los que ella habría proporcionado grandes beneficios en la campaña de Italia. Esta actitud por parte de Barras suponía ver la paja en el ojo de su ex amante y olvidar muy rápidamente que los mismos Bodin participaron de modo sustancial en la adquisición de su aristocrática propiedad de Grosbois.

Josefina se instala en Malmaison. Ella misma reconoce que al reencontrarse con la vida campesina, se vuelve tan salvaje que el gran mundo le asusta. Hortensia asegura que lleva allí una vida retirada, que sólo recibe a Madame Campan y a su sobrina Mademoiselle Augié, sin contar a su querida Madame de Krény, que casi no la abandona desde que Denon, su amante, está también explorando los misterios de Egipto. Además, sólo ha ofrecido dos cenas desde la partida de Bonaparte y Eugenio, a las que ha invitado a Barras y a Reubell, así como a toda su familia política. Pero los Bonaparte rehúsan constantemente las invitaciones de Josefina; lo que según Hortensia afectaba bastante a su madre. Pese a la recomendación de Bonaparte a su hermano José de brindar a Josefina consejos útiles y amistosos se ha declarado la guerra entre ella y sus cuñados.

Como suele ocurrir, el tiempo consume los males más profundos y logra que Josefina reencuentre progresivamente, por naturaleza propia y por necesidad, la rutina de las obligaciones mundanas. Pero Barras parece distanciarse cada vez más de ella. Esta pérdida de amistad, además de apenarla le preocupa, pues supone una importante disminución de influencia. Se apresura a inquirir por su salud y solicita verle, pero recibe el anuncio de que no será recibida. Josefina es victima de una conspiración. Una mujer se ocupa de difamarla ante los ojos de Barras. Siembra cizaña y Josefina se defiende diciendo que jamás ha dicho cosas descorteses de su amigo. Por maldad, y con la evidente intención de perjudicarla hace todo lo posible por denigrar a Josefina ante Barras y Botot. Puesto que Barras presta oídos a semejantes murmuraciones, Josefina le ruega que la enfrente con esa mujer y así conocerá la verdad. Le comunica por carta que nunca ha dejado de amarle y estimarle, y que moriría de dolor si en algún momento pudiera comprometerle. Le atormenta la idea de que Barras ponga en duda su afecto. Le suplica que le conceda una entrevista: *Tengo necesidad de veros, de pediros consejo. Se lo debéis a la esposa de Bonaparte y a mi amistad con vos*, le escribe el 30 de septiembre de1799. Es el fin de su influencia sobre él. Para acceder a Barras, Josefina invoca primero a Bonaparte y sólo después su amistad, en segundo lugar, como a esos molestos recuerdos a los que ya nadie concede importancia. Barras se aparta de Josefina, se aleja ostensiblemente. Ella cosecha ahora los perjudiciales frutos de su antigua complicidad.

Una sombra de quiebra se cierne sobre la compañía Bodin y amenaza con conducirla al abismo si no retrocede a tiempo. El 10 de enero de 1799, Josefina alerta a Bruix, ministro de Marina, que parece particularmente implicado en esa historia.

*Cuanto más empeño ponéis en serme útil, más debo yo, ciudadano ministro, temer comprometeros. Pienso que es más conveniente dejaros en libertad de disponer en favor de la persona que más os convenga el asunto del que hablamos esta mañana. Y aun en el caso de conceder a Bodin la preferencia, podría sospecharse que os lo he solicitado. Por otra parte, ciudadano ministro, deseo que no haya un tercero, pues no quiero tener obligaciones más que con vos.*

Si los Bodin no obtienen la rescisión inmediata de su contrato de abastecimiento al ejército, será la ruina. Josefina se encuentra en una situación muy crítica. A falta de poder salvar los fondos invertidos, quiere al menos escapar del escándalo que algunos no dejarán de provocar. Ya la prensa se apodera del asunto y Josefina teme más que nada ver aparecer su nombre en los periódicos. Entre otras malversaciones, se acusa a la compañía de haber vendido al ejército de Italia animales vacunos que habría requisado en las granjas sin pagar a sus propietarios. Josefina recuerda a Barras, en términos muy cautelosos, que no puede honradamente hacerse a un lado en un asunto que le compromete tanto como ella. Le ruega intervenga a favor de Bodin y del informe que éste tiene que presentar ante el Directorio. Lo que solicita no es un nuevo negocio, sino la rescisión del existente. La situación empeora y ahora los riesgos son superiores a las ganancias obtenidas. En adelante hay que desentenderse de los abastecedores corruptos.

Entonces ocurre lo inesperado. El 9 de noviembre de 1799, a la hora de la cena, en momentos en que Josefina, Gohier, presidente del Directorio, y su mujer, se aprestan a sentarse a la mesa, un despacho telegráfico anuncia al director que Bonaparte acaba de desembarcar en Fréjus ante la sorpresa general. Si bien ninguno de los invitados esperaba una noticia tan sorprendente, todos presienten de inmediato que la llegada inesperada de Napoleón constituye un acontecimiento de la mayor importancia, que parece causar más asombro que placer a Gohier. Josefina, loca de alegría, se levanta de la mesa para ir a reunirse con su marido sin tardanza. Al partir susurra al oído del director, para disipar esa especie de aprensión que lee en su rostro: *No temáis, presidente, que Bonaparte venga con intenciones fatales para la libertad. Pero tendréis que reuniros para impedir que algunos miserables se apoderen de ella*. Luego, volviéndose hacia Madame Gohier, añade: *Voy a su encuentro. Es importante que no se me adelanten sus hermanos. Por lo demás, nada tengo que temer de la calumnia; cuando Bonaparte sepa que os he frecuentado especialmente se sentirá tan alagado como agradecido por la manera como me habéis recibido en vuestra casa durante su ausencia.* Ausencia durante la cual Josefina ha hecho un buen trabajo. Nada puede servir mejor ahora a los designios de su marido que los contactos que ella ha establecido con Gohier.

En efecto, Josefina conoció a Gohier cuando aún era miembro del Tribunal Supremo. Fue en esa época cuando recurrió por primera vez a sus servicios, al recomendarle a su querida Madame de Krény, que tenía entonces algunos problemas con la justicia. La noche de la elección de Gohier en el Directorio, para agradecerle la ayuda brindada a su amiga, Josefina le invitó a cenar en Malmaison. Gohier introdujo a Madame Bonaparte en los medios políticos de la izquierda jacobina, de la que en ciereto modo es representante. Por su intermediación, Josefina frecuenta a hombres hostiles al régimen y recelosos de Bonaparte; es el caso Rousselin de Saint-Albin, secretario del general Bernadotte, por entonces ministro de la Guerra. Rousselin de Saint-Albin está al tanto de las maniobras de los proveedores y Josefina hubiera querido ganarlo en su favor en asuntos de recomendaciones y de tráfico de influencias. Más que nunca necesita un aliado en el ministerio de Guerra. Mientras Bernadotte ocupe esa cartera, Josefina teme que comunique a José Bonaparte, cuñado de ambos, secretos que la comprometerían peligrosamente. Así pues, cuando el ex abate Sieyès, sustituto de Reubell en el Directorio, pide la dimisión de Bernadotte porque sospecha que fomenta un golpe de Estado, Josefina respira aliviada. No tiene nada que temer de Sieyès. En efecto, el hombre fuerte del Directorio ha frecuentado a Josefina en los años 1794-1795. Hasta algunos comentarios insinuaban entonces que las visitas del abate iban más allá de la simple cortesía.

La nueva del desembarco de Bonaparte se difunde como un reguero de pólvora. Eugenio ha advertido discretamente a su madre que, en su interés, haría bien en salir al encuentro de Bonaparte, a quien ha logrado reconciliar con ella. Lo importante es, ante todo, que preceda a sus cuñados, quienes, si llegan primero, destruirán su buena disposición. No debe repetir el error cometido a su regreso de Italia y que estuvo a punto de serle fatal. En su berlina, Josefina y Hortensia corren hacia Fréjus. En las aldeas y ciudades que atraviesan, los habitantes han levantado apresurados arcos de triunfo. Pero no pueden tener peor suerte, en vez de subir por Borgoña, Bonaparte ha tomado el camino del Borbonesado y sus caminos se cruzan sin encontrarse, de modo que deben desandar lo andado. Después de diecisiete meses de separación, Josefina encuentra un marido más amante que nunca. Ella está feliz, y no lo oculta. En la lucha fraticida que enfrenta a los Beauharnais con los Bonaparte, por el momento la ventaja es de los primeros. Los Bonaparte ponen mala cara al ver a Napoleón reconciliado con su esposa y meditan su venganza.

El 16 de octubre de 1799, día de su llegada a París, Bonaparte concurre por la tarde al palacio del Luxemburgo a ver al presidente Gohier que le recibe cordialmente. Al día siguiente, ante los cinco directores el general promete no desenvainar la espada más que en defensa de la República. Antes de un mes, el 10 de noviembre, Bonaparte será el amo de Francia. Las diferentes personas con las que habla le pintan un Directorio en descomposición. Durante la ausencia del general, Talleyrand no ha permanecido de brazos cruzados. Ha conspirado a favor de quien él considera el hombre providencial. El cariz que toman los acontecimientos pone de manifiesto la impotencia o la incapacidad del régimen para contener la degradación constante de la situación política y financiera. Pocas épocas han visto florecer tantas intrigas. En esos tiempos convulsionados, en los que cada uno interviene en una conspiración, en que Barras mantiene secretamente a Luis XVIII en la embriagadora ilusión de una restauración monárquica, en que los jacobinos con Bernadotte y Jordan meditan un golpe de Estado, en que Fouché está presente en todas partes para hacer creer que no está en ninguna, Talleyrand y Bonaparte se entienden para eliminar a todos sus adversarios. Charles Maurice ha considerado preferible desligarse del gobierno, presentando su renuncia a las Relaciones Exteriores. Tiene ahora las manos libres para actuar. Sieyès, su confidente y cómplice, estima que ya es tiempo de pasar a la acción. El abate podrá así al fin realizar su gran obra: un golpe de Estado encabezado por él. Sólo le falta una espada. El 13 de octubre, hablando de Bonaparte, Moreau le declara a Sieyès, que Bonaparte es su hombre para dar el golpe de Estado; sólo falta convencerle de que se entienda con el héroe. Talleyrand se dedica a hacerlo con su duplicidad habitual. Si bien Sieyès necesita a Bonaparte, este último no esta dispuesto a someterse al director.

El Directorio se muere a la luz de las velas de las cenas de Josefina. Sin ser obra de Josefina, el 18 brumario le debe mucho. Ella gana tres de los cinco directores para la causa de Bonaparte. Desde hace tiempo cuenta con Barras, aunque en esta época la eluda porque sabe su tiempo terminado, y también cuenta con Reubell. Ahora Josefina consigue a Sieyès y a Gohier. No ha dejado de acrecentarse su influencia sobre el gobierno directorial, más allá de la divergencia de las facciones, pese a la renovación anual de la quinta parte de sus miembros. En efecto, lo más sorprendente es que, en noviembre de 1799, Josefina logró asegurarse la complacencia de Gohier, el hombre de la izquierda jacobina, y la complicidad de los dos miembros más antijacobinos del ejecutivo: Sieyès y Barras. El presidente del Directorio invita a Sieyès al gran banquete que ofrece en el Luxemburgo en honor a Bonaparte. El general detesta a Sieyès, quien le retribuye ese sentimiento. Se observan mutuamente, se desafían con la mirada sin cambiar una palabra, pero el contacto entre los dos ha sido establecido. Le toca actuar a Bonaparte. Talleyrand vigila y aconseja. Con Gohier, el general proyecta apartar a Sieyès; con Sieyès planea el golpe de Estado que ha de derrocar a todos los demás. Las veladas de Josefina sirven para preparar los planes, reunir a los protagonistas. El 6 de noviembre, dos días antes de la fatídica fecha, Josefina da una gran recepción que reúne a todo París: se encuentran representantes de todas las facciones, profesiones, un ministro, un director, hasta el presidente del Directorio. Al ver el aire de superioridad del dueño de la casa en medio de la gente de toga y de personas de opiniones tan diversas se hubiese dicho que se entendía con todas ellas.

El 8 de noviembre de 1799, a medianoche, Josefina pide a Eugenio que lleve a Gohier, presidente del Directorio Ejecutivo de la República Francesa, una nota que acaba de redactar. *Venid, mi estimado Gohier, con vuestra esposa a desayunar conmigo mañana a las ocho de la mañana. No dejéis de hacerlo. Tengo que hablaros de cosas muy interesantes.* Gohier, que encuentra sospechosa la hora indicada por Josefina, le dice a su mujer que vaya sola a la cita y lo disculpe. El irá más tarde a visitarla, en el curso de la mañana. Cuando Bonaparte ve llegar a Madame Gohier sin su marido, frunce el entrecejo, pues intuye que su celada ha sido descubierta. Pero ya antes de recibir la carta de su mujer, Gohier sabía lo suficiente. En efecto, apenas Madame Gohier salió respondiendo a la invitación de Josefina, Fouché fue a anunciar al presidente del Directorio el decreto que tranfería las sesiones del cuerpo legislativo a Saint-Cloud. Más tade en Santa Elena, Napoleón confió a Montholon: «No sé si Gohier era partidario mío; pero hacía la corte a mi mujer.»

# IX. EL CONSULADO

Josefina se encuentra de repente privada del placer de ser una simple particular, como consecuencia del golpe de Estado. La esposa del Primer Cónsul se convierte de la noche a la mañana en la primera dama del país y su título de «consulesa» provoca sonrisas en los salones monárquicos y jacobinos.

El 15 de noviembre de 1799, día en que los tres cónsules de la República, Bonaparte, Sieyès y Robert Ducos, toman posesión en el Luxemburgo de los aposentos de los directores derrocados, en que Josefina abandona la calle Chantereine y se instala en la de Gohier, ese día, Napoleón paga las deudas atrasadas de su mujer. El importe de las mismas se eleva a casi dos millones, la mitad de los cuales es imputable a los problemas de la compañía Bodin. Mientras se trataba de conseguirles contratos, Josefina no corría ningún riesgo financiero, pero al aceptar asociarse a ellos en operaciones inmobiliarias compromete su propio crédito. Los Bodin, Jubié y Josefina realizan compras masivas de bienes nacionales en los departamentos del Dyle y de Jemmapes, donde se presentan como compradores de lotes procedentes de la confiscación de las grandes abadías belgas. Para mayor seguridad se sirven de Hippolyte Charles como testaferro. Éste, más hábil administrador que sus representados, compra a los hermanos Bodin en 1801 unas cien propiedades situadas en los departamentos de Jemmapes, que revende con considerable ganancia. Josefina, por su parte, no desconfía, y seducida por la perspectiva de ventajosas ganancias, da muestras de codicia e imprevisión. Cuando debe saldar su parte de las adjudicaciones no tiene dinero. Pensaba tal vez que para especular no hacía falta dinero. Una vez más Bonaparte paga. Al aceptar reembolsar las adquisiciones de su mujer, Bonaparte la saca de una peligrosa situación y cubre sus operaciones. Con el mismo procedimiento sus hermanos han obtenido valiosas propiedades, José en Mortefontaine y Luciano en Plessis-Chamant.

La especulación con los bienes nacionales, una actividad de moda en aquel entonces, no tiene nada de deshonroso. Pasa por ser incluso una prueba de fidelidad a la Revolución. La rapiña es general durante el gobierno consular. Se observan desvíos de mercancías del servicio público para beneficio de algunos privilegiados. Se dice que Bonaparte obligó a Collot a compartir con José los beneficios obtenidos en un negocio de víveres para la marina. La misma Josefina recibe obsequios de todas partes. Se asegura que ella no rechaza ninguna suma por módica que sea.

Josefina no ignora que goza de un amplio margen de impunidad mientras no traspase los límites que llevan directamente a un escándalo público, y no ve razón alguna para interrumpir sus negocios. Se asocia con Rouget de Lisle, el célebre compositor de *La Marsellesa*, a quien conociera en casa de los Tallien. Deseoso de complacer a los soberanos españoles, al Primer Cónsul se le ocurre, en octubre de 1801, aconsejado por su mujer, enviar a la reina María Luisa una colección de vestidos y adornos. Josefina y Rouget, con la complicidad de la vendedora de moda Minette, aprovechan la exención aduanera de que gozan los presentes oficiales para organizar entre Madrid y París un fructífero tráfico de novedades parisienses, que proponen a buen precio a las damas de la Corte española. Envalentonada por el éxito de su pequeño comercio, Josefina reincide en un nuevo negocio de provisiones con la compañía Goisson, especializada en la especulación inmobiliaria y la administración de bienes. Solicita a Rouget que sea su representante para tratar discretamente el negocio. La operación perjudica a Goisson, que presenta una denuncia. Interrogado por la justicia, Rouget se defiende, pero trata de no implicar a su protectora y cómplice. Sin embargo considera prudente advertirle del peligro que corre.

*Señora: ignoro si tenéis conocimiento del ataque escandaloso que el señor G (Goisson) acaba de dirigir contra nosotros*, le escribe el 20 de diciembre de 1801. *Lo que más me indigna es ver cumplirse punto por punto lo que hace un tiempo os predije. El tipo y los detalles de esta denuncia son tales, que si no hubiese actuado con la mayor circunspección desde mi primer interrogatorio, habría podido nombraros diez veces y compromerteros directa o indirectamente. A lo que agregaré que los agentes de esta infamia divulgan por todas partes que este monstruoso procedimiento se ha realizado bajo vuestra dirección y la del propio Primer Cónsul, y con la seguridad de vuestra protección inmediata a uno y a otro. Tengo que advertiros lo que pasa señora, y renovar la promesa que os hice hace tiempo de que vuestro nombre sería inviolablemente respetado por nosotros en todas las discusiones que este asunto pudiera provocar.*

Según va avanzando la investigación, Josefina se desespera más, pues teme que Rouget se sienta acorralado y pronuncie su nombre para disculparse. El descubrimiento de una diferencia de setecientos mil francos hace inevitable la quiebra se Goisson y Cia. Finalmente, el 16 de mayo de 1802, Rouget reclama el arbitraje de Bonaparte. Le escribe una carta cuyo tono intriga al Primer Cónsul, que invita a Rouget a las Tullerías. Se descubre la verdad. Sus revelaciones resultan agobiantes, pero Bonaparte, lejos de enfadarse con Josefina, la emprende contra su cómplice, porque si bien acepta que los civiles se enriquezcan con el abastecimiento de los ejércitos, no soporta que los oficiales se impliquen en ello. En diciembre de 1799 Josefina se ha desvinculado de Robbé de Lagrange y le ha solicitado insistentemente liquidar los intereses que ella tiene en la compañía de alimentos y ropa militar. Le pide que maneje las cosas con discreción y delicadeza.

En verdad, su apetencia de ganancias no tiene límites; en cierta ocasión no duda en manipular una importante cantidad de dinero perteneciente al ministerio de la Guerra, con el fin de adquirir unas perlas que, Foncier, el joyero de moda, le había ofrecido. Sus manipulaciones de dinero hacen que todos los hombres de negocios la conozcan. Torpe para conseguirlo pero hábil para gastarlo, Josefina reconoce que el dinero no es su dios. Ve en él más bien el talismán para obtener lo que desea; sólo lo ama por ese júbilo de comprar cosas que le procura. Ante sus ojos, entre sus manos, el dinero se transforma en joyas, en ropa, en mil objetos que despiertan su codicia.

Josefina mantiene estrechas relaciones con los banqueros de la capital. En mayo de 1800 solicita a Perrégaux un puesto en su banco para uno de sus protegidos: Ouvrard, a quien conoció en casa de Teresa Tallien, y que a menudo ha demostrado ser un amigo atento y servicial. Cuando Josefina vivía en la calle Chantereine, Ouvrard, domiciliado en la calle Mont-Blanc, le hacía visitas de buena vecindad y en ausencia de Bonaparte, por entonces en Egipto, cubría las deudas demasiado evidentes de Josefina. Era por cierto para él una de las mejores inversiones. Ese ex proveedor de fondos del Directorio, sospechoso a los ojos de Bonaparte a causa de su fortuna y de su influencia, a partir del 18 brumario comienza a tener motivos de preocupación. En enero de 1800, Josefina advierte a Ouvrard que el Primer Cónsul acaba de ordenar su arresto para llevarle ante una comisión militar en Marsella. Pero la verificación de sus cuentas no prueba nada delictivo, de modo que puede continuar con sus actividades.

Ahora Bonaparte se muestra severo en la elección del círculo de amistades de Josefina, que, desde el golpe de Estado, se limita a las esposas de funcionarios civiles y militares. Para ellas, como para sus maridos, la transición es un poco brusca. Bonaparte que se considera muy mal alojado en el Luxemburgo, decide establecerse en el palacio de las Tullerías, abandonado desde la caída de Luis XVI. El 19 de febrero de 1800, la mudanza del Primer Cónsul adquiere visos de ceremonia, parecida casi a una entrada real. Cuando Roederer concurre por primera vez a las Tullerías, ante los antiguos y oscuros tapices que cubren las paredes de los aposentos, no puede evitar decir a Bonaparte: *Esto es triste, general. Si*, responde Bonaparte, *como la grandeza.* Hortensia no olvidó la tristeza que embargó a su madre durante los primeros días de su instalación en ese palacio habitado por el recuerdo de la monarquía. La imagen de María Antonieta obsesiona a Josefina. Está convencida de que no será feliz en ese palacio; tiene oscuros presentimientos. Josefina debe aprender las actitudes, las poses, los modales acordes con su función. El Primer Cónsul se queja de que en Francia se ha perdido el buen tono en sociedad, por lo que no estaría de más recuperar algunas tradiciones: *¿Tendríais a bien transmitírselas a mi esposa?*, pregunta a la marquesa de Montesson, viuda del duque de Orleáns. De modo que, Madame de Montesson inicia a Josefina en el arte de la vida cortesana, como Madame de Renaudin le enseñara antes las grandes maneras. La anciana marquesa la instruye sobre la felicidad de ser siempre buena y el placer de agradar. La maestra tiene experiencia y saber, pero la alumna posee cualidades naturales y una férrea voluntad de aprender.

Durante los primeros meses del Consulado, Josefina, recluida en las Tullerías, pasa por un período de ocio total. Bonaparte, que vacila todavía en afirmar el carácter monárquico de su régimen, la excluye por el momento de las ceremonias oficiales. En las Tullerías, Josefina recibe por la mañana. Para ella no hay nada más monótono que ese palacio. Bonaparte se encierra todo el día en el gabinete de trabajo. Josefina y Hortensia se ocupan de lo que pueden. Casi todas las tardes se refugian en el teatro. Las jóvenes esposas de los ayudas de campo de Bonaparte vienen a acompañarlas. Siempre las mismas personas, y la semana transcurre de la misma manera en París o en Malmaison.

Como Inglaterra y Austria han rechazado con desdén sus ofertas de paz, Napoleón pretende imponerla por la fuerza y acude en auxilio de Italia, de nuevo amenazada. Cuando en mayo de 1800, Bonaparte se une a su ejército, Josefina insiste en acompañarle. Piensa que la guerra es preferible al aburrimiento total de las Tullerías. Bonaparte no ve inconveniente, pero le dice a su esposa que es necesario ir de incógnito y ocultar sus intenciones. Le sugiere que diga que se dirige a Plombiéres. En efecto, Bonaparte teme que los espías vigilen los movimientos de Josefina y descubran sus planes secretos.

Con sorprendente audacia, Bonaparte lleva su ejército a los Alpes y, atravesando el paso del Gran San Bernardo, el 9 de junio está en Milán. Finalmente, prefiere que Josefina no se le una, pues en un mes estará de regreso en París. El 14, en Marengo, libra contra los austríacos una batalla decisiva, que culmina con una magnífica victoria. Pero no se demora en Italia y regresa enseguida a Francia. Bonaparte, confiesa que su mayor temor durante la contienda era el de su sucesión, si acaso le mataban, pues Josefina seguía sin darle hijos. Comienza a aflorar el problema de la sucesión. Sus hermanos, que han constituido sus propias camarillas, especulan acerca de su muerte. José invoca el derecho de mayorazgo y Luciano sus aptitudes políticas. El Primer Cónsul sabe que la estabilidad del régimen depende de la definición de una regla de sucesión.

El ambiente político de Francia se relaja bastante después de Marengo. Los nobles y emigrados que ahora llenan el salón de Madame Bonaparte, no desdeñan ningún empleo, y sólo parecían aguardar que el Primer Cónsul subiera al trono para recuperar sus títulos y las funciones que ejercían en sus antiguos cargos en la Corte de Luis XVI. El problema de los emigrados es una espina para el gobierno consular. La línea oficial reclama severidad, el Primer Cónsul que no siente odio alguno por ellos, les tiende la mano. Se multiplican las exclusiones en las listas de emigrados y las restituciones de bienes que no han sido vendidos. Josefina recibe a los solicitantes con encantadora gracia. Todo lo promete, y cada uno sale satisfecho. No parece cansarse de escuchar los requerimientos de sus visitantes.

Pasquier reconoce que Madame Bonaparte fue, en los primeros días, una intermediaria cómoda y diligente para las solicitudes de ese tipo. Su buen corazón la impulsaba naturalmente a tratar de satisfacerlas, y la política de su marido se beneficiaba cuando parecía ceder a su influencia. Pasquier encontró en Josefina mucha complacencia respecto a las exclusiones de la lista de emigrados que solicitó para varios miembros de su familia. *Si hay un ángel de bondad es ella*, señala Madame Divoff. Asimismo, Josefina pudo conocer a lo más selecto de la Corte de Luis XVI, y todas esas damas, ex duquesas, condesas, iban a almorzar con ella a casa de Madame de Montesson, en cuya casa, la duquesa de Saulx-Tabanes, emparentada por su madre con los Beauharnais, conoce a Josefina, quien le manifiesta el deseo de complacerla. La duquesa, pese a estar imbuida del orgullo de casta que ostentan los emigrados y pese a su repugnancia a acercarse a un régimen emanado de la Revolución, vence sus reticencias y visita a Josefina en compañía de la marquesa de Montesson. Josefina goza reuniendo a su alrededor a las personas de la antigua sociedad.

Las peticiones afluyen de todas partes, tomando múltiples caminos para llegar a Josefina. Madame de Montesson suele ser una intermediaria obligada para todos los que buscan acercarse a Madame Bonaparte. También suelen recurrir a Madame Campan, que usa su influencia sobre Hortensia. *Mi querida Hortensia*, escribe a su alumna, *encontraréis adjunta a la presente una carta de Madame de Lostange, que parece tener que reclamar un servicio muy importante de vuestra mamá, para la exclusión definitiva de Monsieur de Nicolai, su tío, el único de los tres hermanos que no cayó bajo el hacha de Robespierre. Le aconsejé ir a veros.*

Josefina vuelve a utilizar la técnica del asedio utilizada con Barras, e inunda a los ministros y a los funcionarios con sus recomendaciones. Comunica al ciudadano Lesage, de la Comisión de Emigrados, su gran interés en el caso del ciudadano Joseph Martin Dubois, ex-director de aduanas en Valenciennes, que solicita su exclusión; Josefina, además, le estaría agradecida infinitamente, si se realiza con prontitud. Informa a los señores de Villenueve que les ha sido otorgada la exclusión. Asegura al ministro de Justicia que le agradecería acelerar la resolución del asunto del ciudadano Michon de Vougy, pendiente en la Comisión de Inscritos en la lista de Emigrados. Cuando se trata de grandes apellidos: un Lévis, un Gontaut, un de Mun, una Matignon o una Montmorency, los legajos de emigrados llevan notas de Josefina. Se las arregla para hacer pasar lo más rápidamente posible al Cónsul los que más le interesan, con la complicidad de los ministros.

No olvida a sus antiguas relaciones. Así, el 20 de agosto de 1801, exhorta a un abogado de Loches a solucionar antes de las vacaciones el asunto de Madame de Montmorin, su amiga de Fontenebleau. Josefina concede especial atención a sus parientes y allegados. Así anuncia a su cuñado, François de Beauharnais, emigrado al ejército de los príncipes, que ha sido excluido de la lista, y le envía por intermedio de La Valette, entonces director general de Correos, una suma de doce mil francos para cubrir sus gastos de viaje. El Primer Cónsul que le ha autorizado a volver desea que los detalles de su regreso permanezcan ignorados. A este molesto amnistiado, conocido por su posición francamente contrarrevolucionaria, Bonaparte lo convertirá en embajador. El 26 de marzo de 1800 Josefina hace llegar a Abrial, ministro de Justicia, una esquela pidiéndole que se interese en el legajo de su prima Adelaïde-Françoise de la Rochefoucauld.

*Ciudadano ministro*, le escribe: *Puesto que se ha efectuado el dictamen en revisión del mantenimiento del apellido de mi difunto tío Pivard Chastulé, Madame de la Rochefoucauld, su hija, tiene razones para creer que se pronunciará la exclusión definitiva de la lista. La larga espera en que ha vivido por la falta de definición de este asunto, tan importante para ella y para sus hijos, le hace desear su pronta conclusión. Yo tengo igual interés en la rápida resolución.*

En 1801 encarga a Adelaïde, su futura dama de honor, que tranquilice a la buena Madame de Sourdis, pues Josefina ha hablado de ella con el ministro de Policía, y éste le ha prometido que en ocho días le hará llegar su exclusión definitiva. Además, Josefina recibe con auténtico placer a todas aquellas personas que antes tenían un rango superior al suyo. Pocas familias nobles pueden vanagloriarse de no haberle pedido nada.

A los agentes de Luis XVIII les preocupa esa moda peligrosa para la causa del pretendiente. Gracias a Josefina, Bonaparte reúne a su alrededor a muchos representantes de la antigua nobleza. Se le ve recibir a jóvenes de buena familia, darles empleo en los ejércitos. Se van aclarando las intenciones del Primer Cónsul. Alienta a los enemigos a volver, y su favor se inclina por las familias más ilustres, cuyos miembros consiguen fácilmente la amnistía. Bonaparte quiere asociar la antigua nobleza con lo más selecto de la juventud revolucionaria; fusionando la antigua gloria y la nueva fama, la legitimidad y la riqueza, el derecho y el poder, las tradiciones monárquicas y el celo por su gobierno.

Dado que Josefina cultivaba antes amistades notoriamente contrarrevolucionarias y que hoy se muestra benevolente con los emigrados, se podría presumir una oculta fidelidad a los Borbones. Pero Josefina confía en Bonaparte y no le va a traicionar. A partir de 1797, Luis XVIII busca directamente ponerse en contacto con Bonaparte. En efecto, como el pretendiente sigue esperando poder negociar su restauración, los realistas se esfuerzan en encontrar rastros de sentimientos monárquicos en cualquiera que pueda sostenerlos. Sin embargo, Bonaparte hace poco caso de las insinuaciones del pretendiente, pero mientras esta postura no sea conocida abiertamente, los agentes de los príncipes no pierden la esperanza de convencerle para servir a la causa del Rey. Para lograr sus fines, los realistas se infiltran en el entorno de Josefina. Cuando Luis XVIII se entera de que François Mitau es un viejo amigo de Josefina y mantiene correspondencia con ella, en vez de sentir celos, se felicita de esa relación y es partidario de conservarla.

Tampoco a Bonaparte le desagrada que su esposa trate con los realistas. Todos ellos esperan que él restaure la monarquía, pero, divididos, no se ponen de acuerdo en la elección del candidato. Antes que Luis XVIII, pretendiente legítimo, algunos prefieren a su hermano el conde de Artios o a su sobrino el duque de Angulema; otros a Luis Felipe de Orleáns, su primo. Cada una de estas facciones realistas rivales dispone de sus propios agentes, a los que infiltra en el círculo de Josefina, en el de Talleyrand o en el del cónsul Lebrum. Esta división sirve a los intereses de Bonaparte.

Josefina desempeña un papel importante en la política de pacificación de Bonaparte. Intercesora oficial de los emigrados, ella practica una calculada apertura hacia los realistas de cualquier extracción. Mientras, desde el fondo de su exilio en Mitou, perdido en las nieves del invierno letón, Luis XVIII cede a la presión del duque de Avaray, su confidente, y se resigna a escribir a Bonaparte. La redacción de la carta del pretendiente al Primer Cónsul ocupa a la pequeña Corte de Mitou casi seis meses. En junio de 1800, el Rey y sus consejeros se ponen por fin de acuerdo sobre el contenido de un mensaje, que llega a Bonaparte cuando triunfa en Marengo. Luis XVIII le escribe:

*Debéis saber desde hace tiempo, general, que contáis con mi estima. Si dudáis de que yo sea agradecido, fijad vuestro lugar, estableced la suerte de vuestros amigos. En cuanto a mis principios, soy francés, cle-*

*mente por naturaleza propia y también por razón. No, el vencedor de Lodi, de Castiglione, de Arcole, el conquistador de Italia y de Egipto no puede preferir a la gloria una vana celebridad. Sin embargo, perdéis un tiempo precioso. Nosotros podemos asegurar la grandeza de Francia. Y digo nosotros, porque necesito a Bonaparte para lograrlo y porque él no podrá hacerlo sin mí. General, Europa os observa, la gloria os espera, y yo estoy impaciente por devolver la paz a mi pueblo.*

Bonaparte, se toma tiempo para contestar la carta recibida. Su actitud demuestra sensibilidad hacia la naturaleza de las palabras del pretendiente. En cuanto a la respuesta, por lo demás muy cortés, da a entender a Luis XVIII que sólo le resta esperar la hora señalada por la Providencia:

*He recibido, señor, vuestra carta. Os agradezco vuestras sinceras expresiones. No debéis desear regresar a Francia. Tendríais que caminar sobre cien mil cadáveres. Sacrificad vuestro interés a la prosperidad y la tranquilidad de Francia. La historia os lo agradecerá. No soy insensible a la desventura de vuestra familia; contribuiré complacido a la felicidad y paz de vuestro retiro.*

La gloria que el pretendiente propone a Bonaparte presenta menos atractivos que la que él conquista con su ejército. Al mismo tiempo, Josefina presta oídos a combinaciones mucho más excéntricas. Ya que resulta imposible entenderse con Luis XVIII, ¿por qué no tratar con el duque de Angulema, su sobrino? Tal es la proposoción que le hace en diciembre de 1800 un oscuro abogado. A Josefina le gusta atizar la pequeña llama secreta de la ridícula esperanza que arde en los corazones de algunos monárquicos. Entre ellos, los más combativos y los menos inocentes se encargarán de destruir los sueños de los más ingenuos.

Perdidas las esperanzas de una posible restauración monárquica negociada, los realistas adoptan la negra máscara de los conspiradores. Bonaparte se convierte en el hombre que hay que abatir. El 24 de diciembre de 1800, la Ópera anuncia una representación de *La Creación* de Haydn, Josefina y Hortensia deciden asistir a la representación, y Bonaparte acepta acompañarlas, a pesar de las advertencias de la policía, prevenida de que se prepara un atentado contra él. A las ocho de la tarde, el coche del Primer Cónsul, que toma por la calle Saint-Nicaise, es interceptado por una carreta de heno que obstruye la mitad del paseo. El cochero detiene los caballos el tiempo necesario para que un granadero de la escolta despeje rápidamente el camino. Cuando el coche da la vuelta por la calle de la Loi, es sacudido por una violenta explosión. La carreta de heno acaba de estallar en la calle Saint-Nicaise. Bonaparte da orden de continuar. Las damas, que han debido tomar un desvío, encuentran a Bonaparte en el teatro, en su palco, haciendo gala de una calma olímpica. Pero de regreso en las Tullerías, su cólera estalla ante Fouché. Es una terrible escena, en la que el Primer Cónsul acusa formalmente a los jacobinos de ser los culpables de ese atentado asesino. Algunos amigos del ministro de Policía sugieren buscar a los culpables entre los monárquicos. Bonaparte no quiere saber nada. Dice violentamente a Fouché, que no pretenda hacer del atentado propaganda jacobina. Desde ese momento, nadie apuesta mucho por el ministro de Policía. Sin embargo, Josefina acude de inmediato en auxilio de Fouché a quien defiende valientemente contra los ataques de sus detractores, entre ellos los del consejero Roederer. A quien Josefina dirá, durante una conversación, que no es del ministro de Policía de quien debe desconfiar Bonaparte, sino de los aduladores que le aconsejan atribuirse un poder extraordinario y divorciarse. Josefina trata de desviar hacia sus propios enemigos los ataques de que es objeto Fouché, enemigos que considera mucho más peligrosos para Bonaparte y para ella que todos los terroristas.

Sus cuñados se convierten en el blanco preferido de sus ataques. Desde el golpe de Estado de brumario, las desavenencias entre Josefina y los hermanos de Napoleón se han trasformado en querella política, envenenada por el tema de la sucesión. Cuanto más desea Bonaparte un heredero directo, más se perfilan para Josefina los riesgos del divorcio. La única defensa que le queda es disuadir a Bonaparte de hacerse proclamar cónsul vitalicio. Los ex jacobinos incorporados al Consulado, Fouché, Thibaudeau, o Réal temen que el Primer Cónsul, mal aconsejado por sus hermanos, tienda a un restablecimiento de la monarquía en beneficio propio. Deben luchar principalmente contra Luciano Bonaparte, ministro del Interior, que reclama insistentemente la anulación del matrimonio de Napoleón y Josefina. Los agentes de Luis XVIII no ignoran esas rivalidades internas. La coalición de Josefina con Fouché triunfa sobre las maniobras de Luciano. Bonaparte, exasperado por esas querellas, confronta a sus dos ministros. Fouché reprocha a Luciano su conducta, sus negocios, sus costumbres, sus orgías con actrices. Luciano reprocha a Fouché, sus actos revolucionarios, sus derramamientos de sangre, el impuesto que ha establecido sobre el juego, parte del cual se guarda para sí. El 5 de noviembre de 1800 Luciano cae en desgracia.

Bonaparte, que desea disponer del derecho a designar a su sucesor no tiene claro a quién nombrar. Desecha a José, a Luciano y a su hijastro Eugenio; su elección recae en Luis, su tercer hermano, de veintidós años. Josefina no oculta su aprobación. En efecto si logra casar a Hortensia con Luis, habrá ganado la partida. Esa alianza entre los Bonaparte y los Beauharnais consolidaría su posición. Alejaría también la amenaza del divorcio. La hija de Josefina se encargaría de dar a Bonaparte el heredero que ella no puede darle. En enero de 1802 se celebrará la boda de Hortensia con Luis.

El 8 de enero de 1801, la policía detiene a uno de los autores del atentado de la calle Saint-Nicaise y es interrogado. Se descubre que la conspiración fue dirigida por el conde de Artois, que confió su ejecución a Cadoudal. El gobierno ordena de inmediato el arresto de todos los jefes realistas de París. Ha triunfado Fouché. Mientras tanto Josefina, que teme perder a Napoleón, no aparta su mirada del asunto y sigue atentamente su desarrollo.

Se controla rigurosamente el acceso a las Tullerías. Se han reforzado considerablemente las medidas de seguridad en torno al Primer Cónsul. El personal de servicio recibe unas medallas de cobre con sus nombres grabados. Sólo pueden entrar en los aposentos de Josefina las personas provistas de un salvoconducto firmado por Bourrienne, secretario de Bonaparte. En tales condiciones, se hace más difícil acercarse a Josefina. Los realistas preocupados en mantener a cualquier precio el contacto con ella, tendrán que apoyarse cada vez más en sus agentes, que tienen diariamente entrada al palacio. Lo que está en juego es sumamente importante. El pretendiente echa pestes contra su torpe hermano menor, el conde de Artois, pues el atentado de la calle Saint-Nicaise, lejos de librarlo de Bonaparte, a afianzado su posición. Luis XVIII se inquieta al verlo ceder progresivamente a la tentación monárquica. Ahora bien el príncipe cree saber que Josefina comparte su aprensión. Pero, si en algún momento ella pudo temer esa evolución del régimen, la caída en desgracia de Luciano disipó sus temores. El pretendiente que trata de reparar las imprudencias del conde de Artois, pide al marqués de Clermont-Gallerande, presidente del consejo monárquico clandestino de París, que prosiga sus intentos de conquistar para su causa a Bonaparte, y le aconseja buscar la intermediación de Josefina. El pretendiente se equivoca respecto a

Josefina. Sus impresiones son inexactas, y no intuyen que los gestos de Josefina a favor de los realistas son dictados por el Primer Cónsul, y quizá también por una especie de solidaridad aristocrática. El propio pretendiente se equivoca acerca de la buena fe de sus relaciones con sus agentes. Aunque en un rinconcito de su jardín secreto Josefina cultive la nostalgia de la monarquía, no ha hecho nada por el restablecimiento de los Borbones. Habría sido traicionar a Bonaparte.

La marquesa de Champcenetz, da pruebas de su devoción y celo hacia la causa de Luis XVIII. Creyendo contribuir a los esfuerzos de acercamiento del pretendiente, no hace más que alentar sus ilusiones. Se esfuerza en describir al Primer Cónsul como bien dispuesto hacia el Rey. Delante de Josefina, Madame de Champcenetz se desconsuela por el infortunio de su príncipe, y espera que ella participe sus comentarios al Primer Cónsul. Pero la benevolencia de Josefina tiene un límite y hay temas, según ella, que no puede permitirse tratar con Bonaparte. Si bien la misión de Madame de Champcenetz no siempre se ve coronada por el éxito, se le reconoce sin embargo cierta influencia.

El conde de Artois no quiere dejar a Luis XVIII, su hermano, el monopolio de los contactos con Josefina. Envía pues ante ella, en junio de 1801, a la joven duquesa de Guiche, hija de Madame de Polignac. Para llegar a su interlocutora, la emisaria del príncipe se dirige a la inevitable Madame de Champcenetz, que le procura una entrevista en Malmaison. Pero Bonaparte no cree necesario dar curso a ese asunto. Madame de Guiche recibe órdenes de volver inmediatamente a Inglaterra. El Primer Cónsul nada tiene que ver con cualquiera de los dos hermanos de Luis XVI y sus quiméricas esperanzas.

La firma del tratado de Amiens, el 27 de marzo de 1802, trae aparejada la paz y el consulado vitalicio. Paulatinamente se va dejando de lado el espíritu revolucionario. Se acrecienta entonces la inquietud en los medios monárquicos. Luis XVIII, que sigue de lejos el desarrollo de la situación, no espera nada bueno. El 11 de octubre de 1802 sus agentes le informan que, un domingo, los consejeros de Estado recibieron la orden de encontrarse en Saint-Cloud a las 11 de la mañana. Después de la misa se celebró un consejo, donde se decidió un decreto que otorgaba a los ministros republicanos el título de Excelencia y les prescribe usar el traje francés, la bolsa y la espada con empuñadura de oro sin dragona. De ello se deduce que el Primer Cónsul aspira a un título más eminente y que se prepara a tomarlo. En efecto, su gusto por el fasto y los gestos teatrales aumenta día a día. Se dice que trata de dar a Madame Bonaparte damas de honor, lo que el 23 de noviembre es cosa hecha.

Puesto que ya no pueden acercarse a Madame Bonaparte, escarmentados por los reveses de sus sucesivas misiones ante Josefina, los emisarios de los príncipes renuncian a conquistarla. Los realistas modifican sus planes y comienzan a ejercer el espionaje. Encomiendan a algunos allegados fieles a su causa que consignen sus menores palabras. Ingenuamente esperan enterarse de secretos de Estado, pero en vez de conocer los proyectos que se discuten secretamente en los consejos, apenas recogen algunas anécdotas de salón o comidillas que los ponen al tanto más de la vida de la pareja Bonaparte que de los proyectos que se discuten en secreto en los consejos de ministros.

Madame de Copons del Llor, una prima de Josefina arruinada por la Revolución, trabaja por cuenta de la agencia de Luis XVIII en París. Josefina intervino en su favor para que fuese excluida de las listas de emigrados y le consiguió, además, una pequeña pensión de seis mil francos. Madame de Copons tiene acceso libre al palacio diariamente, y por su mediación, Fouché hace llegar dinero a Josefina. La tarea principal de esta agente secreta consiste en completar las informaciones recogidas en el entorno de Josefina por la *Amiga de París*, una espía que mantiene correspondencia con el conde Antraigues, el célebre agente monárquico.

La *Amiga de París* se oculta tras el personal de palacio y logra falsear las pistas hábilmente. Su prudencia la pone al abrigo de sospechas y le hace evitar cualquier torpeza que pudiese revelar su identidad. Una discreta investigación en la Corte consular habría permitido identificar a Madame Talhouet, dama de honor de Josefina, como la *Amiga de París*. Como nadie la molesta, Madame de Talhouet, se entrega impunemente a las actividades de espionaje. Con maligna satisfacción, la *Amiga de París* se deleita consignando la actividad cotidiana de Josefina, que ella comparte gracias a sus funciones de palacio. La conspiración del año XII, nombre que se dio a la conjura de octubre de 1803 para derrocar a Bonaparte y restablecer a los Borbones en el trono de Francia, y más tarde, el advenimiento del Imperio, le proporcionan la ocasión de hacer relaciones a la medida de su talento. Desde 1800 la policía tiene serias razones para temer por la vida del Primer Cónsul. El descubrimiento de la abortada conspiración del año XII obliga a multiplicar la prudencia.

De nuevo se refuerza la protección alrededor del jefe del Estado y de su esposa. La *Amiga* se complace en situaciones a veces divertidas. Josefina está siempre alerta. En enero de 1803 cae enferma después de tomar una purga de aceite de Palma Cristo que, falsificada o rancia, le provoca una violenta diarrea seguida de algunos días de fiebre. Josefina se cree envenenada y no disimula sus sospechas. Un viento de pánico sopla en las Tullerías desde el otoño de 1803. Todos están alerta y se refuerza la guardia consular. Bonaparte no duerme. Desde el mes de septiembre ha aumentado su temor a ser asesinado y se hace vigilar por una guardia desconocida y que nadie ve. Esto, entre otras cosas, es lo que Josefina cuenta a la *Amiga* entre risas y lágrimas, cuando ésta le pregunta por la posible falta de intimidad de la pareja.

Josefina no oculta su preocupación a Hortensia, y le comunica que un reo al que debían fusilar, había confesado la existencia en París de ochenta individuos dispuestos a asesinar a Bonaparte. La presencia fortuita de Luis de Borbón Condé, duque de Enghien, en Ettenheim, en territorio alemán, cerca de la frontera francesa, le señala a ojos de Bonaparte. Aconsejado por Talleyrand, Bonaparte le hace raptar el 15 de marzo y le conduce a París. A pesar de que el príncipe niega su participación en cualquier tipo de conjura, en la noche del 20 al 21, es ejecutado en Vincennes.

Encerrado en su gabinete durante la mayor parte del día anterior al asesinato, Napoleón prohíbe la entrada a todo el mundo. Pasquier supo por Monsieur de Rémusat, que ese día cumplió funciones de Chambelán, que Josefina se habría hecho abrir, casi por la fuerza, la puerta de Bonaparte. La *Amiga de París* pretende que, no bien tuvo ella conocimiento del rapto del duque de Enghien, corrió a ver a Josefina para comprometerla a salvarle, y que ésta hizo todo lo posible. Josefina se habría arrodillado a los pies de su marido para suplicarle que conservara al duque como rehén. Pero Bonaparte no atendió a sus súplicas, e incluso le replicó que era muy inocente y no entendía los deberes de la política. Hay quienes ponen en duda la escena de Josefina suplicando de rodillas a Bonaparte. Pues, si bien, nadie duda de la bondad y sensibilidad de su carácter, es difícil que en esas circunstancias pudiera dejarse llevar por los dictados de su corazón. Sin embargo, durante la semana en que tuvo lugar el lúgubre acontecimiento, Bonaparte permaneció en Malmaison, solo, con su esposa, un oficial de guardia, un prefecto y una dama de honor.

Ninguna otra persona cenó con él, y a Madame Bonaparte no le fue permitido recibir a ninguna otra mujer.

Bonaparte no altera su programa de asistir a la Ópera el 22 de mayo de 1804. Josefina le acompaña. De ese modo intenta aparentar que no da al lúgubre acontecimiento pasado una importancia mayor de la que su sentido político le dicta concederle. Bonaparte miraba a todos como queriendo preguntar cómo sería recibido. Finalmente se le recibió como de costumbre, sea porque su visita produjo el efecto habitual, sea porque la policía había tomado anticipadamente algunas precauciones. Por su parte, la *Amiga* señala una frase desafortunada de Josefina, que, al salir del teatro, sorprendida por el silencio del público, dijo: *No sé por qué nos ponen mala cara; después de todo ésta es una querella particular entre nosotros y los Borbones.* Curiosa reflexión, citada por la misma testigo, por parte de una mujer que se habría arrojado suplicante a los pies de su marido para implorar la gracia de su víctima expiatoria.

El proceso de los conjurados de la conspiración del año XII establece la culpabilidad de los acusados. El tribunal especial que los juzgó sin jurado ni apelación pronunció diecinueve condenas a muerte. Madame de la Tour, tía de Polignac, al enterarse de la sentencia suplica a Madame de Montesson que intervenga en su favor. La anciana marquesa sube al coche y se hace conducir a Saint-Cloud. Obtiene de Josefina la promesa de que hará todo lo que esté en su mano por salvarlos. Bonaparte que considera que la ejecución del duque de Enghien constituye un ejemplo suficiente, concede la gracia a siete de los condenados, todos ellos nobles.

La propaganda bonapartista se pone de acuerdo para explotar la conspiración del año XII. Una campaña de prensa hábilmente dirigida permite hacer aceptar a la opinión pública una reforma constitucional que el 18 de mayo culmina en el advenimiento del Imperio. Ese día Cambacérès preside el Senado; pronuncia un discurso de circunstancias y, por primera vez, da a Bonaparte el título de Majestad. Napoleón lo recibió con calma, como si tuviese derecho a él de toda la vida. El Senado pasa luego a los aposentos de Josefina, quien, a su vez, es proclamada Emperatriz.

*Al Senado le resta cumplir un deber muy grato, el de ofrecer a Vuestra Majestad Imperial el homenaje de su respeto y la expresión de la gratitud de los franceses. Sí, señora, vuestra fama habla del bien que no cesáis de hacer. Se dice que, siempre accesible a los desdichados, sólo usáis vuestra influencia ante el jefe del Estado para aliviar sus infortunios, y que, al placer de dar, Vuestra Majestad añade el más dulce reconocimiento y la más valiosa benevolencia. Esta disposición permite presagiar que el nombre de la Josefina será señal de consuelo y de esperanza.*

Josefina, situándose a la altura de las circunstancias, respondió con su gracia habitual.

# X. JOSEFINA, EMPERATRIZ

El acceso de Josefina a la dignidad imperial es mucho más que una promoción social, en la medida en que la obliga a verse de una manera diferente. La dificultad consiste en saber hasta qué punto se ha sentido otra a partir del instante en que se modificaron los comportamientos de quienes la rodean: su entorno ya no se le acerca con la misma familiaridad, la etiqueta de la Corte la aísla y la eleva sobre un pedestal. Incluso Eugenio y Hortensia, en su correspondencia, se refieren a mamá como *la Emperatriz*.

Desde el 18 de mayo de 1804, día en que el Senado la saluda con el título de Emperatriz, hasta el 16 de diciembre de 1809, momento de la disolución de su matrimonio con Napoleón, Josefina sólo reinó algo más de cinco años y medio. Vivió esos cinco años un poco a la manera de un meteoro, recorriendo Francia y Europa en todas direcciones. Residió sólo en períodos intermitentes en las Tullerías y en Saint-Cloud, sus dos principales moradas, y menos aún en los otros palacios de los alrededores de París, como Rambouillet, por donde no hace más que pasar, y Fontainebleau, donde las permanencias de los otoños de 1807 y 1809 cuentan entre las más brillantes del Imperio. Sin embargo, es en estos escenarios oficiales donde podemos imaginar mejor su vida cotidiana, reglamentada por una severa etiqueta prescrita por el Emperador.

Es probable que sus contemporáneos necesiten un tiempo de aclimatación para comprender en todo su alcance el cambio político que acaba de producirse ante sus ojos. En los primeros días del Imperio, los que conocieron a la viuda de Beauharnais en la época del esplendor de Barras sienten cierta incomodidad al llamarla Su Majestad. Este título de Emperatriz, el primero de la historia francesa, unido a la novedad de la monarquía imperial que pretende clausurar la Revolución sin traicionar la República, y que no se podría asimilar a la realeza por derecho divino, pone a Josefina al resguardo de ser comparada con las soberanas que la precedieron en el trono. Es evidente que no se puede confundir a las reinas de Francia con la Emperatriz de los franceses, a princesas de sangre real, nacidas para ser casadas en función de los intereses dinásticos, con una criolla de discreta estirpe ceñida con una corona republicana.

Incluso la ceremonia del 2 de diciembre de 1804 en Notre-Dame no guarda más que un lejano parentesco con la consagración de los reyes en Reims. Por otra parte, nadie se engaña verdaderamente; el pueblo invitado a las festividades pone mala cara y los cortesanos ríen socarronamente bajo sus capas. No obstante, ese día la elegancia de los gestos de la Emperatriz despierta una admiración unánime cuando, a pesar de los entorpecedores armiños y los terciopelos que la cubren, avanza hacia el trono y se arrodilla ante el Emperador.

El Emperador restablece las reglas que prevalecían en Versalles en la época de Luis XVI. Ordena y determina él mismo el ceremonial de su Corte, ocupándose de las cosas pequeñas con el mismo interés que otorga a las grandes. Despliega el máximo fausto para impresionar a los soberanos europeos que lo consideran un usurpador, opinión que comparten los franceses que han permanecido fieles a la realeza, a causa del origen revolucionario de su régimen. El resultado se presta a la sonrisa; la torpeza de los nuevos cortesanos les valdrá, a lo largo de todo el Imperio, los sarcasmos de los antiguos. Los modales tan compuestos de Bonaparte subrayan particularmente el aspecto advenedizo de una dignidad demasiado reciente para ser en realidad respetable, mientras Josefina, por el contrario, no parece jamás fuera de lugar.

Ella se pliega a las obligaciones de la etiqueta sin protestar y obedece las directivas de Napoleón en materia de decoro. Éste le prepara sus viajes hasta en el menor de los detalles, le establece itinerarios de los que le prohíbe apartarse, compone la lista de los integrantes de su séquito, designa la calidad de las personas que debe admitir a su mesa, precisa el número de caballos que deben atarse a sus carruajes, le asigna los lugares en que debe alojarse en cada ciudad, dicta las respuestas que debe enviar con los saludos a las autoridades. Pero todos están de acuerdo en reconocer que los agradecimientos de Josefina nunca son tan encantadores como cuando improvisa.

Se muestra dócil, no porque tema la cólera del Napoleón, sino porque teme perjudicarlo con un comportamiento o una iniciativa que no cuente con su aprobación. Desea ser irreprochable; se remite a él para saber lo que conviene hacer o no, jamás emprende algo sin haber recibido su beneplácito. Ha aprendido a no desear nada por sí misma. Ella le ha sacrificado su libertad, pero, en contrapartida, al arrastrarla en su aventura, él ha proporcionado un sentido a su vida.

Josefina pasará la cuarta parte de su reinado esperando a Napoleón, sola, en Malmaison, Saint-Cloud, en las Tullerías o en las fronteras del Imperio. Se comprende, entonces, que procure aprovechar al máximo las ocasiones de estar con él. Preocupada ante la posibilidad de perderlo, se había propuesto no abandonarlo jamás, pero las guerras dirán lo contrario. De esta manera, se pliega al ritmo desenfrenado de los desplazamientos de Napoleón; ni el cansancio, ni las privaciones la desanimaban. En esos momentos, no hay pereza en la cama ni largos preparativos de belleza. Hasta debe sentirse afortunada si parte a las seis o las siete de la mañana, pues en muchas ocasiones ha de viajar por la noche.

Ella soporta estos inconvenientes sin quejarse, estando cerca de Napoleón. Se deja arrastrar por esta carrera desenfrenada. Es por este motivo por lo que sus viajes privados no escapan a los horarios extravagantes. Se plantea levantarse muy temprano para ir Aix-les-Bains a las seis o hacia Navarra a las ocho. Felizmente, su cuerpo resiste, aunque sus nervios sufren la dura prueba de la constante presión. Cuidémonos, sin embargo, de hacer de Josefina una víctima de la tiranía napoleónica, pues ella ha consentido siempre; conoce y excusa los defectos de su marido, sabe cómo hacer para dulcificar su carácter impetuoso, él, por su parte le retribuirá siempre con un sentimiento preferencial.

Los miembros de la casa son los primeros en reconocer la dulzura del carácter de la Emperatriz. Cuando se trata de elegir a su personal, Josefina, cuya extremada debilidad y gran bondad son conocidas, es literalmente asaltada por los que vienen a presentarle una dama de palacio, un chambelán, un caballerizo. Al decidir formar una Corte, se tenía la seguridad de ganar para ella algunos Montmorency o Montesquiou, prometiéndoles los primeros puestos como en el pasado. Pero todas las clases sociales quieren tomar parte en la nueva organización, y los regateos clandestinos a que ésta da lugar hacen reír a la *Amiga de París*. Napoleón habría deseado ofrecer los grandes cargos de la Corte a quienes los desempeñaban antes de la Revolución, pero pronto tuvo que renunciar a ello y limitar sus ambiciones.

La casa de la Emperatriz, separada de la del Emperador, se compone de cuatro primeros oficiales, cada uno de ellos jefe de un servicio: el primer capellán, la dama de honor, el primer chambelán y el caballerizo mayor. Entre ellos se cuentan los más grandes apellidos de la nobleza del Antiguo Régimen. El primer capellán es un Rohan, personaje insignificante, simple adjunto del gran capellán y que, después del divorcio, quedará al servicio de Maria Luisa. La dama de honor, Madame de la Rochefoucauld, es una prima hermana de Alejandro de Beauharnais. De pequeña estatura, casi jorobada, da muestras de notable inteligencia, fina y espiritual. Atrevida, como muchas mujeres deformes que han tenido cierto éxito pese a su fealdad, no vacila en responder ásperamente al Emperador. Ella cree honrar al Emperador perteneciendo a su Corte y, a fuerza de decirlo, termina por persuadirle de ello, lo que hizo que se la tratara con bastante consideración. Aunque es pariente de Josefina, se hace rogar para aceptar el puesto que se le ofrece. Cede finalmente ante un sueldo de cien mil francos y cuatrocientos mil para saldar las deudas de la familia. Su marido recibe el rango de comandante de la Legión de Honor y un aumento de quince mil francos en su sueldo, a lo que se suma una pensión de doce mil francos. Madame de la Rochefoucauld exige para su marido una gran posición fuera de Francia durante un tiempo indeterminado. Para obtener a esta dama hubo que aceptar lo que decía. Madame de la Rochefoucauld tiene preeminencia sobre el gran chambelán y autoridad sobre el servicio de honor, las damas de palacio y, hasta 1806, sobre los chambelanes. Josefina la ha elegido por el apellido que lleva, pero a ella poco le importa esa preferencia; no seguirá a su bienhechora en ocasión del divorcio, renunciará esperando ser nombrada dama de honor de la nueva Emperatriz, pero será despedida por el Emperador que no apreciaba demasiado su tono. Ella tiene bajo sus órdenes a la dama del guardarropa, personaje importante que reina sobre el vestuario y las alhajas personales de la Emperatriz. Para ese puesto Josefina elige a propósito a una mujer suave, buena y humilde, se trata de la propia sobrina de Alejandro de Beauharnais, Emilie, a la que había colocado con Madame Campan y luego casado con La Vallete, a quien Napoleón nombrará director de Correos. Sin autoridad, es desafiada constantemente por las damas del guardarropa, apoyadas por el Emperador, que no quiere que nadie se mezcle en lo que concierne a su vestuario.

La Emperatriz posee su propia caballeriza. Al frente de ella hace nombrar a Monsieur d'Harville, un amigo de Alejandro de Beauharnais que cede su lugar en 1806 al general Ordener, valiente campesino lorenés, poco habituado a los finos modales de las cortes y que ejecuta su deber como si cumpliese una consigna militar. Tiene bajo sus órdenes cierta cantidad de caballerizos elegidos entre soldados de buenas y antiguas familias. Las caballerizas son importantes. Si bien no poseen coches de gala reservados al Emperador, albergan algunos muy elegantes de varios colores. Para ese importante servicio se requiere no menos de un centenar de caballos. Contados los picadores, los criadores de pie, los postillones y los cocheros, el personal subalterno de las caballerizas de la Emperatriz no hace más que aumentar, pasando de cuarenta y tres personas al comienzo del Imperio a ochenta y tres en momentos del divorcio. Tal es el marco impuesto por el Emperador, en el que Josefina se mueve durante los brillantes años del Imperio.

En los palacios imperiales los aposentos de la Emperatriz como los del Emperador se dividen en dos partes bien diferenciadas. Napoleón y Josefina pretenden liberarse de la esclavitud de la Corte versallesca y separan su vida pública de su vida privada. El primer aposento, o aposento de honor, tiene carácter oficial y sólo sirve para las ceremonias públicas. Se compone de una antecámara, de un primer salón, de un segundo salón, del salón de la Emperatriz, de un comedor y de una sala de música. El segundo, o apartamento interior, comprende el dormitorio, la biblioteca, el tocador, el saloncito privado y el baño. A Josefina le agrada menos vivir en las Tullerías que en Saint-Cloud o Malmaison. Le es imposible pasear por el jardín de las Tullerías sin ser reconocida de inmediato, viéndose obligada a volver a sus aposentos. Si sale un momento al balcón, en pocos momentos se congrega una multitud de curiosos, pues sus ventanas dan a la planta baja y, puesto que es libre el paso ante el palacio, la Emperatriz sólo está separada del público por una terraza de dos escalones de elevación. Poco antes del divorcio se acondiciona el palacio del Elíseo, más aislado, para recibir a Sus Majestades. Pero resulta muy pequeño y sólo puede trasladarse a él el personal de servicio. Se entiende, pues, que la estancia en las Tullerías no fuese agradable para Josefina y que, al comenzar el buen tiempo, se trasladara a Saint-Cloud o a Malmaison. Sus aposentos en Saint-Cloud están decorados en un estilo más moderno y femenino que el de las Tullerías. Además, le es más fácil pasear por los jardines privados y, sobre todo, puede llegar a Malmaison en un cuarto de hora de coche por la nueva ruta trazada entre las dos residencias y romper así la monotonía de sus días.

Los pasaportes a su nombre nos ayudan a conocer el aspecto físico de Josefina: es de estatura mediana, aproximadamente un metro sesenta y tres, sus ojos de color azul oscuro, y unos grandes párpados ligeramente arqueados y enmarcados por las pestañas más hermosas del mundo, que le confieren una mirada extremadamente dulce. Tiene los cabellos de color castaño claro, largos y sedosos. Combinan perfectamente con su cutis, que aunque naturalmente algo oscuro, parece deslumbrante de frescura y delicadeza gracias al rubor que se pone en las mejillas y al polvo blanco con que cubre su rostro. La única nota desagradable la da una mala dentadura.

A Josefina le gusta permanecer despierta hasta tarde y casi nunca se acuesta antes de las doce y media de la noche o la una de la mañana. Se despierta a eso de las ocho y generalmente se queda un rato en la cama antes de levantarse. A menos que esté indispuesta no permanece en ella más allá de las nueve. A partir de la coronación el Emperador deja de pasar la noche en los aposentos de la Emperatriz y duerme en los suyos. Cuando ambos esposos desean encontrarse, Napoleón utiliza la escalera oculta que une su dormitorio con el de Josefina. Suele ocurrir que la regularidad de su existencia sea alterada por el ritmo extenuante de la vida cortesana. Desde su regreso de Munich, lleva una vida agotadora; jamás un momento para ella. Se acuesta muy tarde y se levanta muy temprano. El Emperador, que es más fuerte soporta perfectamente esta vida tan activa, pero la salud de Josefina se resiente un poco. En cuanto se abre la puerta de la habitación, su perro favorito se precipita sobre su ama. Al principio, hasta el Consulado, Josefina tuvo al famoso Fortunato con quien tenía que congraciarse Bonaparte antes de entrar en el dormitorio conyugal. Después del divorcio, se encariñó con un lobito blanco llamado también perro vienés, Askim, cuyas enfermedades conmocionaban a todo el personal de la Emperatriz. Su amor por los perros es tal que soporta largos años a una perra que, por un prolapso, arrastra los intestinos por el suelo. Los perros gozaban siempre del favor de Josefina, que amaba especialmente a los vagabundos, elegidos por lo general entre los más horribles y huraños. Los encantadores animales mordían regularmente las piernas del cardenal Caprara, nuncio del Papa, que disimulaba las dentelladas con sus medias rojas. Como tenía todavía un resto de pierna que deseaba conservar a salvo, se proveía de azúcar para congraciarse con ellos.

Nada más levantarse, Josefina entra en el tocador y pasa a las manos de sus doncellas, con las que permanece cerca de tres horas a lo lago de la jornada. Por mediación de Hortensia, Madame Campan recomienda a oficiales de servicio de Luis XVI y María Antonieta, algunos de los cuales entran así en el círculo privado de Josefina. Muy refinada en los cuidados de su cuerpo y del rostro, Josefina abusa de los aceites como toda mujer que se siente envejecer y trata todavía de agradar. El rubor con que se cubre sus mejillas es el accesorio obligado de su arreglo personal. Hace traer de Grasse su agua de rosas, el agua de grosellas y una leche de rosas destinada a conservar un cutis delicado. La dama del guardarropa le presenta varios vestidos para que elija uno, lo que a veces da lugar a largas meditaciones.

Corvisan, el médico del Emperador, después de visitarlo suele pasar a ver a Josefina, pero la mayor parte del tiempo la Emperatriz recibe al doctor Lecrerc. Cuando éste muere en 1808, le sucede Horeu, un alumno de Corvisant. Conservará su puesto después del divorcio y asistirá a la Emperatriz en su última enfermedad. Josefina goza de una salud de hierro. Sus frecuentes jaquecas, sus catarros y pequeñas indisposiciones no son nada al lado de la resistencia física de que da pruebas. Los diagnósticos y los remedios que se le prescriben muestran una ciencia médica a menudo impotente todavía para curar los males que la aquejan. Las sanguijuelas, los eméticos y las purgas son los principales remedios que utiliza, con dietas rigurosas que le prescribe Corvisant. Éste afirma que, cuando alguien se siente indispuesto, absteniéndose de todo alimento se evita que una enfermedad peligrosa se convierta en mortal.

Herbault, el ayuda de cámara que la peina habitualmente, entra en su habitación después de la visita del médico. Además de él, Josefina cuenta con otros tres ayudas de cámara comunes a su servicio, a los que se suman dos ayudas de cámara principales. El más conocido es Joseph Frère, que asistirá a la Emperatriz en los últimos momentos. Terminado su primer arreglo, generalmente a las diez, Josefina pasa a su salón, donde recibe a sus proveedores, por lo general comerciantes de artículos de moda que vienen a mostrarle las últimas novedades. Abusan de la bondad de la emperatriz y de su gusto por la ropa e invaden así sus aposentos. Napoleón no logra poner orden en ellos, y debe resolverse a aceptar ese estado de cosas. Cuando Josefina no convoca a sus proveedores, recibe en su salón a las personas que han obtenido el favor de una audiencia. Los solicitantes vienen casi siempre a pedir un puesto, una pensión, un título y hasta una limosna.

A las once en punto, pues la Emperatriz es de rigurosa puntualidad, se sirve el almuerzo a los soberanos, en la intimidad y muy rápidamente, ya sea en el salón de honor del Emperador o de la Emperatriz. Entonces el ceremonial es algo más solemne y siempre se convida a personas elegidas entre las damas de servicio del palacio, a las que se suman alguna que otra mujer de mundo o esposas de grandes oficiales; en ocasiones se invita a señoras que fueron amigas de Josefina antes de convertirse en Emperatriz, lo que disgusta profundamente al Emperador. Si entra por azar en las habitaciones de su esposa y encuentra sentadas a su mesa algunas personas extrañas al entorno habitual, pone mala cara, pues ha prohibido a su esposa tratar con sus antiguas relaciones, que ahora considera demasiado indeseables. Napoleón se refiere principalmente a Madame Tallien, a quien Josefina continúa viendo a escondidas. Después de comer, Sus Majestades pasan al salón a tomar el café y los licores. El café, en grandes dosis, impide dormir a Napoleón y Josefina vigila para que no tome más de una taza sin darse cuenta; ella se lo sirve y lo endulza. Después de almorzar, Josefina juega una partida de billar si el tiempo no le permite ir a pasear al jardín. Terminada esa corta distracción vuelve a sus aposentos, conversa con sus damas ocupadas como ella en bordar, en un bastidor, almohadones o el tapizado de sillones.

Entre las dos y las tres de la tarde, si no vienen visitas a distraerla, da un paseo en calesa descubierta. Cuando reside en las Tullerías apenas puede salir al Bois de Boulogne, poco seguro, mal trazado. Le resulta más fácil salir cuando está en Saint-Cloud, cuyos boscosos alrededores se prestan muy bien al paseo en coche. Si la Corte reside en Fontainebleau, la Emperatriz sigue en calesa las partidas de caza, acompañada por sus damas. Aunque no le gusta demasiado esa distracción, se esfuerza por parecer complacida y mostrar interés en lo que Napoleón considera más un ejercicio saludable que un placer en sí. La modista Leroy crea a propósito un traje de caza para cada familia principesca; el de la Emperatriz es de terciopelo color amaranto bordado en oro. De regreso a palacio, se viste de gala para la cena. De vez en cuando el Emperador va a sorprenderla. En esas ocasiones es fácil encontrarle amable, divertido y alegre. Da a Josefina palmaditas en las mejillas o en los hombros. La cena está prevista a las seis.

Frecuentemente Napoleón la olvida o la demora, y más de una vez no pasa a la mesa hasta las nueve o diez de la noche. Cuando no hay baile, teatro en la Corte o reunión en los aposentos de la Emperatriz, Josefina, a quien le encanta prolongar las veladas, juega al tric trac con alguno de sus chambelanes o conversa con sus damas. Muchas veces después de acostarse, el Emperador llama a Josefina para que le lea. Ella deja todo para acudir a su llamada, abre un libro, y cuando él comienza a dormir, vuelve a su salón a continuar la conversación interrumpida o la partida abandonada.

Madame de Genlis recibe una pensión de seis mil francos para redactar extractos de los nuevos libros editados, que entrega a la Emperatriz en forma de boletines semanales. Nadie lee mejor que Josefina. Une esa gracia tan suya al encanto de su voz. Constant confiesa haberse detenido más de una vez por el placer de oírla. Se ha acusado a Josefina de no leer nunca para sí misma. Nada más erróneo. Dispone de las bibliotecas imperiales y de la de Malmaison, que alcanzará a su muerte casi catorce mil volúmenes. Las notas dirigidas por Deschamps, su secretario encargado de los pedidos, a Ripault, y luego a Barbier, bibliotecarios del Emperador, prueban que no limita su interés a los compendios de botánica. Una vez, reclama una obra nueva sobre el gran Condé; otra, desea un libro que trate de Alemania. Aunque Josefina siente gran placer en leer en voz alta, la etiqueta exige que la Corte tenga una lectora. Se nombra para el puesto a Mademoiselle Gazzani, que el Emperador convertirá en su amante. Sin rencor, la Emperatriz la mantendrá en su puesto después del divorcio.

Josefina posee una memoria prodigiosa que contribuye a ganarle amigos; recuerda los nombres, las menores circunstancias del pasado y sabe almacenar historias y confidencias para repetir al Emperador, deseoso de conocerlas. Si bien Josefina lee con placer, sabe también prestar atención a lo que se le dice. Habla de todo y habla bien, escucha las respuestas con benevolente atención que inspira confianza, pues siempre parece interesarse por lo que se le dice. Es verdad que en materia de urbanidad hubiera podido dar lecciones a muchas princesas del Antiguo Régimen. Sin resultar pedante, suele hacer citas asombrosas.

Parece que, al contrario de lo que habitualmente se venía opinando, le gustaba la música. No compone romanzas como Hortensia, pero sus contemporáneos consideraban que tocaba bien el arpa y cantaba con gusto. Es capaz de descifrar una partitura y de pulsar de forma mediocre el arpa. A los catorce años, su padre la ve bien dispuesta para la música y, durante el tiempo que estuvo en el convento, le puso un profesor de guitarra, cuyas enseñanzas aprovechó. La educación musical que recibe toda joven aristocrática ha hallado un terreno propicio en las disposiciones naturales de Josefina. Además, siempre ha tenido instrumentos musicales. Así, en el momento de embarcarse en Le Havre hacia Martinica, en 1788, vende una de sus arpas, por la que obtiene la importante cantidad de cuatrocientas treinta y dos libras. En cada uno de los palacios en que vive siempre coloca varios pianofortes. Su biblioteca de Malmaison encierra, además de veintinueve volúmenes de partituras, en general música para arpa y acompañamiento, gran número de óperas y cantidad de paquetes de música en hojas sueltas, romanzas, arias o tozos elegidos para el canto. En cambio, la práctica del dibujo y de la pintura no la atraen demasiado.

# XI. RODEADA DE ARTE Y DE NATURALEZA

Bonaparte se siente recluido en las Tullerías y manifiesta su deseo de vivir en el campo. Después del golpe de brumario, Bonaparte se instala con gran placer en Malmaison, esa propiedad que Josefina compró en su ausencia se adapta a sus gustos de maravilla. Será su residencia de campo hasta el otoño de 1802. Entonces ocupará el castillo de Saint-Cloud puesto a su disposición, y sólo irá de vez en cuando a Malmaison, que seguirá siendo la obra de paz de Josefina. En cuanto se mudan a él, hay que adaptar al gusto de la época esa vieja construcción del siglo XVII. El año 1800 se dedica por entero a los trabajos, que se realizan con gran celeridad. En efecto, el Primer Cónsul va a Malmaison cada diez días y su pensamiento no debe ser perturbado por los arreglos que se hacen. A partir de entonces se accede al edificio por un pabellón que da a un vestíbulo, cuyas columnas de estuco presentan el aspecto de un atrio de villa romana.

Pero esos trabajos de simples arreglos consumen enormes cantidades de dinero: en dieciocho meses gastan seiscientos mil francos, es decir, más del doble del precio de compra de la casa. Alrededor de ésta se levantan edificios anexos: pabellones de servicio, de la guardia, cuadras y hasta un pequeño teatro en las proximidades del castillo. Se agranda el parque en más de la mitad de su superficie original. El trazado clásico propuesto por los arquitectos choca con una negativa categórica de Josefina, que desea todo a la inglesa: una avenida recta para ir de un lugar a otro le parece un bárbaro quebrantamiento de las reglas de la jardinería. Por otra parte, Josefina considera cada vez más a Malmaison como su propiedad particular y pretende reunir en ella todas las obras de arte imaginables. Sus deseos son órdenes a las que nadie se resiste y cuyo límite es difícil de predecir.

En verdad, busca más un decorador y paisajista que pueda realizar sus caprichos, que un arquitecto. Le presentan a Louis-Martin Berthault, que parece reunir esas condiciones. Es nombrado arquitecto de Malmaison a finales de 1805. No bien entra en funciones, se enfrenta a un nuevo trazado del parque y a cavar un arroyo alimentado por el caudal de agua que baja del pequeño lago de Saint-Cucufa. Detrás del invernadero, el arroyo se ensancha formando un pequeño lago en el que pueden navegar algunas embarcaciones. El parque está sembrado de pequeñas construcciones: muy cerca del castillo se levanta el monumento a la Melancolía, una especie de estela funeraria que recuerda a alguna tumba antigua, a la cual se ha adosado una escultura de Girandon. Un poco más lejos, al borde del arroyo, el templo del Amor alberga una estatua del dios epónimo. Más allá, una gruta construida con piedra que contiene la estatua de un presunto ermitaño. Berthault completa este decorado un poco teatral con la inclusión de monumentos ya existentes: tres averturas, sabiamente ejecutadas, permiten ver el castillo del acueducto de Marly, el castillo de Saint-Germain-en-Laye y el campanario de la iglesia de Croissy. Macizos de arbustos exóticos ponen una nota de color en la extensión de césped. Todas estas plantas ornamentales están sabiamente agrupadas de tal manera que forman variadas combinaciones de tonalidades según las estaciones. Además del parque, Berthault se ocupa de las obras de embellecimiento del castillo solicitadas por Josefina. Detrás del gran invernadero, levanta en 1807 una sucesión de suntuosos salones donde pueden admirarse plantas tropicales.

Una de esas salas, en forma de galería, sirve para contener el excedente de la colección de esculturas antiguas de la Emperatriz. En el castillo propiamente dicho, prolonga el salón de música con una galería, donde Josefina cuelga sus cuadros y exhibe antigüedades. Su iluminación cenital, completamente novedosa para la época, provoca la admiración de los contemporáneos. Después del divorcio, importantes obras renuevan el aspecto de algunos aposentos del castillo.

En 1812, Josefina aprovecha su viaje a Milán para ordenar la transformación de su dormitorio. Berthault convierte la vieja habitación rectangular en una suntuosa rotonda carmesí y oro, dominada por una cama monumental, verdadero trono para una repudiada. Frente a la cama, entre las ventanas ella hace colocar el magnífico tocador de plata dorada, obsequiado por la ciudad de Viena con motivo de su coronación. Constantemente en busca de nuevos talentos, Josefina encarga el techo al joven Blondel, que pinta en él a la diosa Juno en su carro tirado por caballos blancos.

Napoleón y Josefina viven de manera muy burguesa en su propiedad. De cada diez días pasan dos allí, el primero y el décimo de la década, período de diez días del calendario republicano. Van acompañados por los hermanos y hermanas de Napoleón, por su madre, su tío Fesch y por Hortensia. Los placeres de Malmaison son simples. Las veladas se ocupan leyendo o jugando al revesino, al chanquete o al veintiuno. Bonaparte, que muy pocas veces respeta las reglas del juego, se divierte mucho con sus pequeñas trampas. Mientras tanto, Josefina despliega sus eternos solitarios que hacen reír a sus allegados. Hay una sola gran mesa para las comidas que ofrecen el aspecto de una reunión familiar. El Primer Cónsul se sienta primero y designa una persona para que lo haga a su lado. Josefina ocupa la cabecera opuesta, y todo el mundo se coloca sin el menor orden; ayudas de campo, cónsules o ministros. Por la noche Hortensia dirige entusiasmada danzas provenzales en el castillo, u organiza fiestas. En ellas se baila la Mónaco, danza que Bonaparte considera un ejercicio saludable. Como a Bonaparte le gustan los espectáculos y las charadas, todos a su alrededor tratan de satisfacerle. Al principio se representan sencillas charadas en los salones, sin preparación alguna. Los actores tienen que cambiarse de ropa detrás de biombos. Luego, al desarrollarse el gusto por las comedias serias, Bonaparte autoriza en 1802 la construcción de un verdadero teatro. A esas representaciones se invita a cerca de ciento cincuenta personas, unas cincuenta de las cuales son convidados también a cenar antes de la representación.

Josefina se muestra como un arquetipo de coleccionista. Su manía de acumular es más que un pasatiempo favorito: responde a una necesidad vital. Su placer es comprar, dejándose arrastrar por la necesidad de ser grandiosa; su megalomanía la lleva cada vez más lejos. El hecho de que esta pasión se haya revelado después del golpe de Estado de Bonaparte no tiene nada de casual. Gracias a su nueva posición todo se torna posible, lo que le permite realizar sus impresionantes colecciónes. Las colecciones de Josefina tienen un carácter ecléctico. Junto a objetos etnográficos, se ven pinturas, esculturas y antigüedades.

Desde la época del Consulado, las ciudades conquistadas por su esposo le envían cantidad de objetos valiosos y de curiosidades de todo tipo, muebles, cuadros, telas. Todos se las ingenian para satisfacer su gusto y la colman de obsequios. Colecciones enteras de obras de arte destinadas originalmente al museo, procedentes del saqueo de ciudades conquistadas, son desviadas en provecho propio por Josefina cuando no le son obsequiadas directamente por el Emperador. Se reserva generalmente las más bellas piezas, cede algunas a las damas de su entorno, y devuelve el resto al Museo Napoleón. Este que se llamó al principio Museum, y más tarde Museo Central de Artes, es el actual Museo del Louvre. Cuando esos envíos llegan a Josefina, ésta experimenta un verdadero placer infantil en hacer abrir los cajones para descubrir su contenido. Ella misma ayuda a desembalar y a transportar todas esas bellezas. Pero pronto los envíos se hacen tan frecuentes que es necesario improvisar depósitos para contenerlos. Los cajones quedan allí intactos, a veces durante meses enteros. Se acumulan en Saint-Cloud y en Malmaison, y algunos no serán abiertos jamás. Josefina embellece Malmaison a expensas de las colecciones nacionales. En 1807, Josefina aprovecha la ausencia del Emperador, por entonces en Polonia, para obligar a Fontaine a entregarle ocho columnas de mármol que él reserva para las salas del Museo Napoleón. Josefina adivina su reticencia y escribe entonces al ministro del Interior diciéndole que el Emperador las ha destinado desde hace tiempo a Malmaison y que a Fontaine no le son de ninguna utilidad. Champagne, para no disgustar a su amo, da inmediatamente la orden de trasladarlas a Malmaison para adornar la galería del templo del Amor.

Desde su juventud, Josefina deseaba acercarse tanto a la Corte que, en el momento de mudarse a las Tullerías, en febrero de 1800, impresionada por el aspecto a la vez grandioso y trágico de esos lugares donde la realeza había naufragado ocho años atrás, se haya presa de una espacie de presentimiento. En los antiguos aposentos de la reina, de los que toma posesión como esposa del Primer Cónsul, ve flotar por todos lados la sombra de María Antonieta. Josefina se rodea de los objetos más suntuosos retirados de las colecciones de la última reina. Por otra parte, no contenta con hacerse otorgar igualmente los reales departamentos de Sain-Cloud y de Fontainebleau, donde incluso duerme en la misma cama hecha para la reina, reúne en su interior las obras representativas de la corriente neoclásica lanzada por la esposa de Luis XVI. Se apropia de los preciosos jarrones de piedra dura de los gabinetes de Versalles, y de uno realizado en sardónice marrón montado sobre un zócalo ornado con un hermoso camafeo que representa a Apolo y Marsias.

Josefina no pretende ser la reencarnación de María Antonieta, pero se deja poseer por una suerte de asimilación y no escatima esfuerzos para continuar la acción de su predecesora en el campo de las artes. Como ella, cumplirá un papel de mecenazgo y procurará marcar su época con su propia sensibilidad.

Ambas soberanas expresan, en efecto, una sensibilidad casi idéntica, porque pertenecen a la misma generación; sólo las separan ocho años. De jóvenes han recibido una educación comparable, quizá algo menos esmerada en el caso de Josefina, pero suficiente para desarrollar en ellas un juicio seguro. El abate Vermond, preceptor de la joven Archiduquesa, señalaba en ella una cierta pereza y gran ligereza, pero ponderaba su carácter, su excelente corazón y su afabilidad seductora, cualidades que muy bien podrían aplicarse a Josefina. Las dos comparten, además, un interés común por la música, y se convierten en protectoras de los compositores extranjeros que contrataban para renovar la ópera nacional. María Antonieta respaldó la primera ópera francesa de Gluck, con una fuerza comparable a la de Josefina para imponer *La Vestal*, primera ópera francesa de Spontini.

Una vez por semana Josefina organiza conciertos en Malmaison. Los artistas se instalan en el salón de música; el público se ubica en la gran galería contigua, en medio de cuadros y antigüedades. Los mejores instrumentistas se presentan en el castillo, como en el Trianon en tiempos de María Antonieta, y tocan los magníficos instrumentos de Malmaison, que suenan maravillosamente en el salón de música.

Del mismo modo que le ocurre con la música, Josefina siente verdadero entusiasmo por la escultura de su época, principalmente por la de Canova, del que posee cinco obras. Contrariada al no poder obtener para su galería más que réplicas, reclama encarecidamente obras originales a su escultor favorito. El termina para ella dos obras originales, una *Bailarina* y un *Paris*. Nunca llegará a tener un último grupo original de las *Tres Gracias*, encargado en 1810, y que será entregado directamente a su hijo Eugenio en 1816. Finalmente, un busto colosal de Napoleón, ejecutado según la gran estatua de *Napoleón como Marte pacificador,* completa esa extraordinaria colección del maestro italiano del que Josefina es ferviente admiradora. Aunque tampoco olvida en sus pedidos a los grandes escultores franceses de la época, que se encargan, entre otras obras, de ejecutar sus retratos o de los miembros de su familia: Hortensia, Eugenio o su nieto Napoleón Carlos, muerto prematuramente en 1807, o la de sus allegados: Bosio, Chinard, Chaudet o Cartellier.

Todos conocen su pasión por el arte y se apresuran a seguir sus inclinaciones. Vivant Denon, director general de Museos, le aconseja y alienta su gusto por las antigüedades. Algunas malas lenguas le acusan de haber persuadido a Josefina de que poseía mejor instinto que él, afianzando así su influencia junto a ella. Es verdad que al principio no era muy entendida. En 1797, confía a su amiga Madame Tallien, que le han traído unas antigüedades para ella, pero como no entiende lo suficiente para saber si son auténticas, las ha enviado a un experto.

La colección de estatuas antiguas, sin ser considerable, es de primera calidad. La procedencia de los objetos es de las más ilustres, habiéndose encontrado la mayoría de ellos en Pompeya o Herculano. Fueron obsequiadas al Primer Cónsul por el rey de las Dos Sicilias y abandonaron sus pedestales en el museo de Nápoles para ir a ocupar un lugar en la galería de Malmaison. También muestra gran interés por coleccionar vasos griegos. A los que le obsequia el rey de las Dos Sicilias, ella añade en 1809 los ciento ochenta vasos de la galería del castillo de Villiers, castillo que pasaría a dominio del Estado. En 1814, la colección de vasos cuenta con casi doscientos cincuenta ejemplares.

Josefina experimenta una gran atracción por la pintura. Concurre regularmente a los talleres de artistas vivos, donde compra cuadros y alienta y protege a los jóvenes artistas de talento. Alienta al joven Gros, a quien conoció en Italia, encargándole su célebre cuadro *La Peste de Jaffa,* sin haber fijado el precio. En 1814, el catálogo de su galería de Malmaison comprende trescientos sesenta números que, en realidad, corresponden a cuatrocientos cincuenta cuadros, dibujos o miniaturas. A ellos hay que añadir las obras conservadas en sus castillos de Navarra en Normandía, y de Prégny en Suiza, cuyo número exacto se ignora. Durante el viaje que hace a Bélgica en 1803 con el Primer Cónsul, adquiere por intermedio del pintor Van Bree, una colección completa de los más grandes maestros flamencos y holandeses. Pero las mejores obras de Malmaison proceden de los museos, iglesias y los palacios de Alemania e Italia. Son los más valiosos botines de las victorias francesas, retirados del Museo Napoleón en beneficio de la castellana de Malmaison. El propio Napoleón no logra oponerse a la avidez de su mujer. Para albergar todos esos cuadros, Berthault construye en 1807-1808 una galería en la prolongación del salón de música, convirtiéndose en paso obligado para todos los visitantes de categoría. Josefina suele hacer los honores, nombrando los más hermosos con la gracia y amabilidad que todos le conocen. En 1814, la colección antigua no cuenta con menos de ciento diez cuadros italianos, setenta y seis flamencos y holandeses, contra apenas ocho españoles y dos alemanes. Para formar la galería, Josefina se deja guiar por el pintor experto y *marchand* Guillaume-Jean Constantin. En 1807, Josefina nombra a Constantin *guardián de los cuadros de Su Majestad la reina para la galería de Malmaison*. Su función consiste principalmente en restaurar las obras deterioradas, establecer el catálogo de la galería y presentar informes detallados de los cuadros que pueden comprarse. A veces, Josefina visita su *atelier* que le ha hecho construir en Malmaison pero, como no soporta el olor a tabaco, le dirige una nota: *Estimado señor Constantin: os aprecio mucho pero, por favor, quitaos vuestra pipa de la boca cuando vaya a visitaros. Os haré avisar con antelación.*

Tal vez Josefina admire los cuadros de los maestros de la antigüedad más por convencionalismos que por verdadero gusto. Su elección en las obras contemporáneas refleja mejor, por cierto, su gusto en pintura. Del centenar de cuadros modernos que componen su colección, sólo expone una pequeña cantidad en la sala de música. Con excepción de los retratos de familia, para los que recurre a los grandes nombres de la época, como Gérard, Gros, Appiani o Prud'hon, pocos artistas célebres están representados: un esbozo de David, un cuadro de Guérin y otro de Prud'hon. Este último mantiene siempre relaciones privilegiadas con la Emperatriz, a la que se complace en embellecer y rejuvenecer, lo que hacía decir a Josefina, al hablar de sus retratos, *son la obra de un amigo más que la de un pintor*. Su predilección en pintura parece apartarse del neoclasicismo de moda e inclinarse por lo trovadoresco y los cuadros de flores. Artistas menores comienzan a representar, a partir de 1802, motivos de la historia anecdótica de la Edad Media y del Renacimiento: el cuadro *Valentina de Milán llorando la muerte de su esposo* de Fleury Richard, ha provocado una pequeña revolución. La crítica ha visto en ese cuadro la manifestación de una nueva escuela, calificada de «trovadoresca». Es una pintura distinta a la que hace todo el mundo, su efecto es tan nuevo como su color. Debido a sus figuras de pequeño tamaño, con un estilo y una técnica acabada que semeja la de los maestros holandeses del siglo XVII, y sobre todo por lo que toca a la historia nacional que redescubre el romanticismo naciente, la pintura trovadoresca experimenta un éxito inmediato y forma parte de la renovación del gótico iniciada en el siglo XVIII. Este género deja a Josefina indiferente en un principio; mira el *Valentina de Milán* sin sentir la originalidad del aporte de Fleury Richard. Luego, de repente, comienza a entusiasmarse por el género anecdótico. De ese modo, la pintura anecdótica se instala junto a la histórica, y la galería de Malmaison, abierta de par en par a los curiosos, desempeña un papel importante en la difusión de este género, a veces considerado menor. Con ocasión de sus viajes a Saboya y a Suiza, compra para su dormitorio de Navarra cuadros de paisajes al pintor suizo Delarive. Enseguida Josefina se aficiona a los paisajes y hace trabajar a otros artistas suizos; en 1814, algunos de ellos aún no habían cobrado sus honorarios.

Los medios académicos halagan el interés de Josefina por la historia. La Academia Céltica, que recoge los testimonios sobre la vida de los galos, las antiguas crónicas o los cuentos de hadas, le dedican sus trabajos. Josefina apila sobre los anaqueles de su biblioteca obras enciclopédicas consagradas a las antigüedades nacionales, como *Monumentos de la monarquía francesa,* de Bernard de Montfaucon; *Memorias de la antigua caballería*, de La Curne de Sainte-Palaye; *Monumentos franceses inéditos para servir a la historia de las artes*, o incluso *La historia del arte a través de los monumentos*.

El *Valentina de Milán* la obsesiona; quiere reparar su necedad inicial, y reunir el máximo de obras de Fleury Richard, que se ha convertido en el favorito de los Salones. Ya que no ha lanzado la moda, y porque no soporta que su colección se vea sobrepasada por ninguna otra, Josefina se entrega de cuerpo entero a una frenética política de compras. En 1805 obtiene al fin, a precio de oro, este cuadro fetiche que muy oportunamente ha vuelto a ponerse a la venta, consigue así reunir, con mucho esfuerzo, siete obras del maestro. Apaciguada y feliz, invita entonces al maestro a Malmaison.

En el Salón de 1810, se maravilla con el cuadro *Stella prisionera en Roma*, del joven Granet. Informado el intendente, señor de Montlivault, éste fue a verla y le explicó, de la manera más respetuosa y positiva, que le resultaba absolutamente imposible satisfacer el deseo de Su Majestad, porque su presupuesto para las artes ya estaba excedido en gran cantidad, y que no era posible añadir a ese déficit la suma de quince mil francos, que era el precio del cuadro. Josefina propuso varios recursos, todos los cuales representaban grandes dificultades, y para su gran pena, tuvo que renunciar a la esperanza de poseer el encantador cuadro que tanto le había seducido. Despidió a su intendente y no pensó más en el asunto. Días más tarde en una cena en Malmaison, cuando Josefina se levantó de la mesa y se dirigió al salón, quedó muy sorprendida y feliz al ver su deseado cuadro. El señor de Montlivault, triunfante, se regocijaba del éxito de su empresa: había conseguido juntar el dinero necesario para adquirir el cuadro, extrayéndolo de otros gastos del presupuesto.

Su galería presenta un recorrido original por la historia de Francia que prefigura con treinta años de adelanto las galerías históricas de Luis Felipe en Versalles. Si los cuadros de Flores de Redouté o los pintores de la escuela de Amberes, como Van Os o Van Dale, responden a su pasión por la botánica, el conjunto de las obras incluye también la representación de los temas de la ausencia, la separación y la muerte. Debido a que se ha comprometido personalmente en gran medida en la constitución de su galería, al mucho dinero que le ha consagrado, algo profundamente afectivo la liga a todas estas obras, cada una de las cuales es un episodio de su propia historia, un destello de su propia sensibilidad.

Los profesores del Museo de Historia Natural felicitan a Josefina por su contribución al progreso de las ciencias naturales, por su pasión y dedicación a la botánica y la zoología. Desde el primer momento, el ministro del Interior, Chaptal, invitó a los profesores del Museo a colaborar con quien ellos consideraban, en cierto modo, una colega. Al dar comienzo la época del Consulado Josefina mantiene las mejores relaciones con el Museo. Cuando Thouin, profesor de agricultura, le hace llegar algunos frutos exóticos obtenidos en los invernaderos, ese gesto la conmueve mucho pues algunos de los frutos obtenidos le recuerdan a su país. A partir de ese momento, Josefina no dejará de intentar aclimatar en Francia las plantas exóticas que amó en su infancia.

Josefina se traza un programa detallado del que habla con sus diversos corresponsales. Así, escribe al subcomisario de Portsmounth, en los Estados Unidos, a fin de que consiga para ella una colección de semillas de América del Norte. Su deseo es reproducir en Francia los vegetales de ese país, pues su temperatura es muy similar. Para lograr ese propósito, convierte en viveros parte de las tierras que dependen de Malmaison. Allí se cultivan árboles y arbustos exóticos que se adaptan climáticamente. El Primer Cónsul ve con interés la naciente producción. Josefina aprovecha la paz de Amiens para escribir directamente al comisario del gobierno en Londres, Otto, para aumentar sus colecciones. La botánica es su verdadera pasión y, como a menudo en esos casos, lleva su pasión hasta la manía. Agobia a sus allegados con disertaciones botánicas que poco les interesan, señalándoles todas las plantas más raras. Su gusto por las flores es tal, que para ella ese es al mejor obsequio que puede hacérsele.

Por influencia inglesa, tiene lugar en la década de 1760 una renovación en el arte de los jardines. A su llegada a la metrópoli, Josefina se maravilla ante los jardines a la inglesa. Sin cuidado por la cronología y la geografía se mezclan los estilos más variados: clásico y gótico, chino y turco. Como el Gran Arquitecto, el jardinero pone en escena la Naturaleza; al igual que un pintor, crea cuadros en los que multiplica las citas literarias o filosóficas; demiurgo, modela los paisajes. En Ermenonville, para René de Girardin, Jean-Marie Morel, uno de los santones de la anglomanía que podemos hallar en Malmaison, ha abierto un valle estrecho y solitario rodeado de bosques.

Los Beauharnais y los Tascher tienen demasiados lazos con los Girardin como para que Josefina no haya visitado Ermenonville, allí habría podido admirar el magnífico parque del castillo de Villeflix, en Noisy, en la época de su casamiento. Habrá paseado por Bagatelle y por Monceaux, en esas locuras organizadas a las puertas de París para el conde de Artois y el duque de Orleáns.

Tal vez la señorita Pauly, una vieja soltera que ella frecuenta en Fontainebleau entre 1785 y 1787 y que mantine relaciones científicas con el marqués de Cubières, eminente naturalista y agrónomo de Versalles, sea quien ha despertado su vocación por las ciencias naturales. Josefina se propone crear jardines botánicos en todos los departamentos. Muy pronto comunica su proyecto al prefecto de las Bocas del Ródano, Thibaudeau, que se apasiona como ella por los cultivos. Al ser Emperatriz, sigue con interés las conquistas del Emperador, y no deja de reclamar a Daru las plantas que todavía no posee.

Cuando la ocupación de las provincias prusianas, Daru no olvida hacer confeccionar una lista de seiscientas plantas que le envía directamente a Malmaison. En 1809, cuando los franceses ocupan Viena, alrededor de ochocientas plantas que no existían en Francia, abandonan los invernaderos de Schönbrunn para ir a adornar los de Malmaison. A fin de mitigar la pena de su director, Josefina le envía un anillo valorado en dos mil francos. Además de las conquistas de guerra, Josefina completa sus colecciones comprando semillas en los mejores viveros europeos. Se surte con Vilmorin de París, con el especialista de rosales Dupont, con Ariel Corneille en Haarlem y sobre todo con Lee y Kennedy cerca de Londres. John Kennedy hasta poseía un pasaporte que le permitía ir y venir a su antojo entre Inglaterra y Francia a pesar del estado de guerra y del bloqueo continental decretado por Napoleón. En 1811 y 1812, sigue entregando gran cantidad de plantas para Malmaison. Se asocia con Josefina para financiar la misión a El Cabo de un botánico encargado de recoger plantas nuevas participando cada uno de ellos por mitades en los gastos. Ella escribe personalmente a Inglaterra haciéndose traducir las cartas por Méneval, secretario del Emperador. Algunos cortesanos, que conocen su pasión por las colecciones botánicas, le envían plantas, como Roederer, que en 1811 le hace llegar veintitrés paquetitos de semillas.

Pero la gran posibilidad del jardín de Malmaison sigue siendo la expedición emprendida a las tierras australes por el capitán Baudin. Las dos corbetas, *La Naturalista* y la *Geógraphe*, parten de El Havre en octubre de 1800 y recorren las costas aún desconocidas de Australia antes de volver. Las inmensas colecciones de plantas y de animales traídos por la expedición se reparten entre Malmaison y el Museo.

En 1803 se crea en Malmaison el cargo de administrador particular. Josefina trata inmediatamente de dárselo a un botánico llamado Brisseau de Mirbil, sabio distinguido, cuya tarea consiste en supervisar, en ausencia de Josefina, los establecimientos botánicos y rurales de la propiedad. Se encomienda la primera descripción de las plantas y su publicación al célebre botánico Ventenat, miembro del Instituto. Con la ayuda de Pierre-Joseph Redouté, encargado de pintar las flores, publica, patrocinado por Josefina, el célebre *Jardín de la Malmaison*, de una tirada de sólo doscientos ejemplares, y cuyas ciento veinte láminas reproducen las hermosas plantas de los invernaderos. Ventenat muere en 1808, y Bondplan suma entonces las funciones de administrador a las de botánico. Edita, siempre ayudado por Redouté, una *Descripción de las plantas exóticas cultivadas en Malmaison y Navarra*, cuyas últimas entregas no se publicarán antes de 1817. Josefina financia igualmente otras dos obras cuya terminación no verá: *Las liliáceas*, de las que posee las acuarelas originales de Redouté y que se publica entre 1802 y 1816, y *Las rosas*, cuya primera edición sólo verá la luz en 1817 aunque Redouté haya ejecutado sus dibujos algunos años antes y Josefina haya pagado la mayor parte de esa obra. Su interés por las rosas es tal, que acrecienta la colección de Mamaison hasta llevarla a doscientas cincuenta especies diferentes.

Según van surgiendo nuevas variedades y especies, los sabios se apresuran a dedicar sus nombres a Josefina y a Bonapate. Se da el nombre de la Emperatriz a las plantas de las cuales Malmaison posee los únicos ejemplares existentes. Así nacen la *Josephinia imperatricis* cuyo brillante nombre oculta en realidad una planta modesta; la *Lapageria rosea*, que toma su nombre de soltera y es una soberbia enredadera de brillantes flores oriunda de Chile, donde es considerada flor nacional.

En cuanto a la zoología, Josefina experimentó por esa ciencia un interés similar a la pasión que despertaba en ella la botánica. Los cisnes negros y los canguros forman parte del paisaje familiar de Malmaison y embellecen el parque tanto como las plantas raras. Josefina desea sobre todo rodearse de animales de carácter dulce que pueden dejarse domesticar. No conserva a los considerados peligrosos o molestos y enseguida los envía al Jardín Zoológico. Así ocurre con el camello y el mono que le son obsequiados en 1802, y con el león enviado por el rey de Túnez. Algunos animales, como las gacelas, viven casi en libertad, vagando a su antojo por el parque y prefigurando así los jardines zoológicos modernos. La colección de animales comienza a formarse en 1800, con la llegada de una pareja de llamas enviadas desde Perú. En 1804 se introducen los canguros en Malmaison. Un prado rodeado de rejas les permite moverse libremente, en un marco semejante a su medio natural.

En cuanto se conoce el regreso de la expedición del capitán Baudin a Australia, Josefina, delega a Lorient, su adiestrador, que se adelante a Geoffroy Saint-Hilaire, enviado por el Museo. Selecciona treinta y cinco animales que luego envía a Malmaison. Se trata de canguros, ciervos, un ñu y sobre todo los famosos cisnes negros. Todos los contemporáneos notan su presencia como una de las grandes curiosidades del parque. En Malmaison es donde, por primera vez en Francia, se reproducen en cautiverio. Menos conocidos, los dos emúes obsequiados a Josefina son tan valiosos como los cisnes negros, y sus despojos embalsamados se cuentan en la actualidad entre los especímenes más raros del Museo de Historia Natural.

Para alagar su gusto por la zoología doméstica, le envían animales del mundo entero. El general Janssens, gobernador de la colonia holandesa del Cabo de Buena Esperanza, envía una cebra tan mansa que se deja montar como un caballo. Pero sobre todo, el general Decaen, gobernador de las Indias francesas, regala a Josefina una hembra de orangután amaestrda. Pronto la disfrazan con una larga levita y la admiten en la mesa de Josefina. Ésta le proporciona un cuchillo y un tenedor que aquella utiliza con destreza. Esa parodia de humanidad, esa manera de vivir con animales amaestrados, divierte a Josefina.

El zoológico alberga, entre otros a un avestruz de monstruoso tamaño, monos, asombrosos papagayos, como el obsequiado por el marqués de Salinas, que sólo hablaba en español, pero como lo habría hecho un noble castellano. Para albergar todas sus bestias hace construir en la parte delantera del parque un zoológico dispuesto circularmente, en el que cada especie tiene su vivienda particular. Los enrejados permiten observar sin peligro las costumbres de los distintos animales. Las aves son también muy numerosas: en los fosos del castillo viven faisanes dorados y plateados, su visita es uno de los placeres de Josefina. Si se multiplican demasiado se deshace de algunas aves. Se consideran simples objetos de colección y se ceden con gusto los animales repetidos, de modo que los intercambios de ejemplares son algo habitual.

Colecciona pájaros disecados, animales embalsamados, conchillas y minerales. Como podemos ver, el gusto de Josefina por las ciencias naturales no se limita tan sólo al estudio de los animales vivos. Instala su gabinete de Historia Natural en una pieza del primer piso del castillo de Bois-Préau, que compra en 1810 para agrandar su parque por el lado de Redil. Contendrá la colección de piedras comprada a Besson, inspector de minas, objetos etnográficos procedentes en su mayor parte de la expedición de Baudin, y que constituye la primera colección oceánica conocida en Francia.

# XII. PASIÓN POR LA MODA Y LAS ALHAJAS

Josefina fue educada en la religión de la ropa y los adornos, y no sabe resistirse a sus caprichos y deseos. A las órdenes del Emperador que pretende que los vestidos sean de terciopelo o de seda para dar trabajo a las buenas ciudadanas francesas, Josefina responde con compras masivas de muselinas de las Indias o telas extranjeras que no vacila en introducir en Francia eludiendo la aduana. Más que una pasión, el arreglo personal es la razón de ser de Josefina. Nadie sabe vestir como ella y la ropa que lleva le sienta de maravilla. Es cierto que obedece así las órdenes del Emperador: Josefina en el trono debe encarnar la prosperidad comercial del país. Napoleón entrega el dinero con magnífica liberalidad, y pretende que ese dinero sea gastado, pero no derrochado. De ahí sus enojos tan justificados ante las deudas y las facturas atrasadas. El general Marbot recuerda haberse visto obligado, en el año 1807, a cargar en su coche un paquete que contenía tejidos de Berlín y otras telas prohibidas en Francia, destinadas a la Emperatriz. Para despistar a los aduaneros, el paquete llevaba el sello del 7.º Regimiento Ligero y la inscripción: «Piezas de contabilidad». Aunque ella misma no daba la orden de organizar esos transportes, Josefina no podía ignorar ese tráfico ilegal. Si sus paquetes son incautados, embargados y luego destruidos por orden del Emperador, ella vuelve a empezar, encarnizándose en procurar de nuevo el fruto prohibido. Los que la conocen tratan de satisfacer su gusto por la ropa novedosa.

Josefina crea la moda; la ciudad la imita, sus ropas imponen tendencias. Las más atrevidas combinaciones le sientan de maravilla. Su vestuario provoca entre las princesas de la familia imperial una emulación muy conveniente para alentar la industria nacional, al tiempo que excita la envidia de las burguesas, que se creen emperatrices al hojear los coloridos grabados del *Journal des Dames et des Modes*. Elisa, gran duquesa de Toscana, encarga a la señora de Laplace, su dama de honor, que le describa en detalle la indumentaria de la Emperatriz. La princesa aparecerá fente a sus súbditos de Piombino con un vestido de tul, bordado en plata, con amapolas lilas y rosas bordadas en terciopelo, igual a uno de Josefina. Para el duelo de la emperatriz de Austria, en 1807, llevará un vestido idéntico al de ella, ornado por una guirnalda de flores negras. Las flores, sean naturales o artificiales, son uno de los adornos obligados de su vestimenta. Con ellas Josefina engalana su ropa, pero también su cabello. Siempre realza su peinado con guirnaldas de anémonas o de jacintos. Frecuentemente opta por armoniosas combinaciones en blanco y oro que le sientan muy bien. Y como colmo de refinamiento y de buen gusto, cuando puede, Josefina combina los tonos de su ropa con los tapizados del salón donde recibe.

Josefina demuestra un gusto desmedido por los chales, que constituyen una de las riquezas de su guardarropa. Son tantos que con ellos pueden hacerse vestidos, mantas para la casa, o hasta almohadones para sus perros. Los más bellos son de cachemir y le fueron obsequiados por el sultán Selim III. Durante algún tiempo adornaron su tocador de Compiègne, donde, cosidos los unos a los otros, formaban lujosas colgaduras. Después del divorcio, Josefina no quiso que María Luisa gozara de ellos. No bien terminaron los festejos de la boda, reclama sus derechos de propiedad, y los chales le son enviados a Malmaison.

Louis-Hippolyte Leroy reina como amo en las tendencias de moda que más gustan a Josefina, es el hombre indispensble. Después de haber confeccionado el vestido de la coronación por un valor de setenta y cuatro mil francos, el gran modisto goza del apoyo de su augusta cliente. Leroy va regularmente a hablar de moda con Josefina y ella no renuncia a esas entrevistas por nada del mundo. Josefina gasta en Leroy exactamente la mitad de las sumas destinadas a su vestuario.

Los proveedores saben abusar de la absoluta falta de orden de Josefina. El Emperador hubiera deseado que ningún vendedor llegara a ella, pero se ve obligado a ceder en este aspecto. Constantemente colman el apartamento interior de la Emperatriz. Demasiadas manos se tienden ante ella como para que logre tener la voluntad de resistirse y los vendedores aprovechan su debilidad. En realidad, Josefina compraba siempre sin preguntar el precio y muchas veces olvidaba

*Coronación de Napoleón y Josefina, óleo de Jacques Louis David hacia 1805-1807 (Museo Nacional del Louvre).*

lo que había comprado. Los fondos asignados a su vestuario se elevan oficialmente a trescientos sesenta mil francos por año en marzo de 1809, luego a quinientos cuarenta mil a partir de esa fecha, mientras que María Luisa sólo dispondrá de cuatrocientos ochenta mil francos. A esas sumas, ya considerables, conviene añadir los muchos suplementos concedidos por el Emperador para saldar las facturas impagadas.Toda esa ropa es debidamente inventariada dos veces al año: el 30 de enero, por la dama del guardarropa, Madame de la Valette, y a mediados de año por la custodia del guardarropa.

Una vez terminados los inventarios, lleva la ropa a lo que se conoce como su vestidor, es decir, el lugar donde se guardan todos los objetos que usa para su adorno. Entonces pasa revista a sus vestidos, sus gorros y sus sombreros y separa cierta cantidad para ser reformados. No se trata solamente de objetos usados, sino también de ropa nueva o que ha dejado de gustarle. Así, en 1809, se suprimen quinientos treinta y tres artículos del inventario. Da algunos de ellos a su suegra, a la reina Carolina, a la reina Catalina, a la princesa de Baden o a Madame Campan. El resto se distribuye entre las doncellas, las damas introductorias y las guardianas del guardarropa y, para que no haya celos, los objetos se distribuyen en lotes sorteados al azar. Las listas revelan cifras impresionantes, de las que sólo una enumeración, por monótona que sea, puede dar una idea. A modo de ejemplo, el inventario de 1809 incluye, entre otros, cuarenta y nueve trajes de Corte de gala, seiscientos cuarenta y seis vestidos, setenta y seis chales de cachemir, cuatrocientos noventa y seis otros chales y pañuelos de cabeza, cuatrocientas noventa y ocho camisas, cuatrocientos trece pares de medias de seda y de algodón, mil ciento treinta y dos pares de guantes, setecientos ochenta y cinco pares de zapatos. En un solo año, Josefina encarga ciento treinta y seis vestidos, veinte chales de cachemir, setenta y tres corsés, ochenta y siete sombreros, setenta y un pares de medias de seda, novecientos ochenta y cinco pares de guantes y quinientos veinte pares de zapatos. Este inventario contrasta fuertemente con el contenido de sus armarios cuando residía en la calle Chantereine.

Las joyas serán otra de las desenfrenadas pasiones de Josefina, llegando a ser dueña de la más hermosa colección privada de Europa, además de tener a su disposición los fabulosos diamantes de la Corona. Como sabe que sólo posee su usufructo y que no puede usarlos más que a petición escrita de la dama de honor y la dama del guardarropa de la Corona, pronto forma una colección personal cuya guardia confía a su primera doncella. Entre los numerosos joyeros a los que recurre, Foncier parece que gozó de su confianza desde el Consulado. En enero de 1800, el casamiento de Carolina con Murat da ocasión a un pequeño asunto referente a un collar: el Primer Cónsul, por economía decide obsequiar a su hermana un collar perteneciente a Josefina. Ésta, irritada compra de inmediato a Foncier otro que había pertenecido a María Antonieta. Lo paga por medio de un proveedor del ejército que se hace reembolsar discretamente por el ministro de Guerra, Berthier, en uno de esos envíos de fondos en los que son tan diestras las contabilidades ministeriales. Sólo resta entonces persuadir a Bonaparte de que ya lo ha visto. Foncier y Bourrrienne, al tanto del secreto, le hacen el juego a Josefina afirmando conocer perfectamente el collar de perlas. El joyero sabe mantenerse discreto y las nuevas compras de la Emperatriz le recompensan. A partir del Imperio, el joyero Marguerita sucede a Foncier. Él es quien efectúa la tasación de los diamantes y joyas de Malmaison a la muerte de la Emperatriz. Josefina hace modificar y renovar constantemente los engarces, compra cambia, revende, paga a cuenta, hasta el punto que los joyeros se confunden al inventariar las joyas y ya no saben qué les pertenece a ellos y qué a su cliente. Las órdenes y contra órdenes se suceden a su antojo.

El inventario de las joyas halladas en el dormitorio de la Emperatriz, relizado tras su muerte, las valora modestamente en un millón setecientos mil francos. Como siempre en estos casos, la tasación de los expertos es inferior al valor de los bienes en el mercado. Así, cuando se reparten las joyas entre Eugenio y Hortensia, la estimación está más de acuerdo con el verdadero valor de las piedras preciosas y supera los tres millones de francos. Eugenio hereda joyas por valor de un millón cuatrocientos veintidós mil cuatrocientos treinta y dos francos, y Hortensia por valor de un millón quinientos cincuenta y cinco mil cuatrocientos setenta, pero debe desprenderse enseguida de la mayor parte de ellas. Hortensia se ve obligada a vender el aderezo de diamantes al zar, el de zafiros a la duquesa de Orleáns, y un espléndido collar al rey de Baviera contra el pago de una renta vitalicia de veinticinco mil francos.

# XIII. LA GENEROSIDAD Y LAS DEUDAS

La bondad, que Josefina demostró constantemente en su quehacer cotidiano, es un aspecto de su carácter en el que todos sus memorialistas están de acuerdo. Esta bondad fue aprovechada por todos y cada uno de sus allegados, desde los Tascher a los Beauharnais. La primera en beneficiarse, y con justicia, fue su madre, que la había ayudado tanto financieramente a su salida de la prisión de los Carmelitas. En 1801, La Martinica fue devuelta a Francia, Josefina entonces se apresura a pedir a su madre que vaya a vivir con ella a París. En varias ocasiones trata de entusiasmarla con la idea de una confortable posición en Francia, pero Madame de la Pagerie rehúsa partir. Josefina insiste en mayo de 1802, le envía una caja de oro adornada con diamantes en cuya tapa está pintado su retrato acompañado por los de sus hijos y Bonaparte. Pero nada convence a su madre, y Josefina debe contentarse con ayudarla pagando las letras de cambio que retira y haciendo que el Emperador le asigne una renta. Madame de la Pagerie no puede decidirse a abandonar su propiedad, donde vive en una pequeña habitación, muy expuesta al ruido y situada sobre la cocina. Todo ello motiva las habladurías, y las personas de Europa que la visitan llegan a decir que pasa necesidades. Pero esta mujer que no quiere abandonar su modo de vida tradicional, también rehúsa la posición principesca que Josefina le ofrece en Fort-de-France, y morirá en 1807 sin haber visto a su hija convertida en emperatriz de Francia, a su nieta Hortensia en reina de Holanda y a su nieto Eugenio en virrey de Italia.

Sin embargo, logra con facilidad convencer a su tío, Robert-Margurite de Tascher, para que vaya a vivir a París. Piensa que puede proporcionar a Bonaparte útiles informaciones sobre la Martinica. Apenas llega, le instala en la pequeña mansión de la calle de la Victoria, desocupada desde el Consulado, paga sus deudas y le consigue la

Legión de Honor. Cuando él muere en 1806, le hace construir una tumba de estilo antiguo en la iglesia de Rueil, y no olvida a sus nueve hijos. Josefina hace ir a Francia a cinco de ellos y se ocupa de colocarlos. A Stéphanie el Emperador la convierte en princesa de Arenberg, pretendiendo así concertar una alianza con Bélgica, donde Arenberg es príncipe soberano. Charles-Marie, apodado *Tascher el mayor*, es nombrado subteniente de la Guardia Imperial, pero vuelve a la Martinica en 1806. Henri, llamado *el amor*, es coronel y se casa con Marcelle Clary, sobrina de Julia, reina de España, la esposa de José Bonaparte, que dota magníficamente a los recién casados. Se concierta el matrimonio de Louis, apodado *Fanfan,* ayuda de campo del príncipe Eugenio, con la princesa de Leyen, sobrina y heredera de Carl Theodor von Dalberg, príncipe primado de la Confederación del Rin. En fin, Sainte-Rose, apodado *Yéyé*, será edecán de su primo, el príncipe Eugenio. Josefina se preocupa por sus sobrinos como por sus propios hijos y mantiene informada a su madre de sus progresos.

Josefina tiene que pensar también en los familiares de Alejandro; no le basta con encontrar colocación a los Tascher. Para los Beauharnais habrá pocas pensiones, pero sí puestos importantes y alianzas matrimoniales no menos gloriosas que las de los Tascher. Aparte de la prima de Alejandro de Beauharnais, Madame de la Rochefoucauld, nombrada dama de honor de la Emperatriz, Josefina no olvida a su tía, la poetisa Fanny de Beauharnais, que recibe mil francos al año de la caja para gastos menores del Emperador. Su hijo Claude de Beauharnais, ocupa un escaño en el Senado, se convierte en conde del Imperio con veinticuatro mil francos de sueldo, luego en caballero de honor de la emperatriz María Luisa, más un puesto de dama de honor de la princesa Carolina para su mujer. El hermano de Alejandro de Beauharnais, François, realista intransigente, vuelve de la emigración en 1802. Se le restituyen los bienes de inmediato y es nombrado ministro plenipotenciario en Etruria, y luego embajador de España. Su hija, Emilie, se casa con La Valette, ayuda de campo de Bonaparte, futuro director de Correos del Imperio, y es nombrada dama del guardarropa de la Emperatriz. Basta con lo expuesto para no acusar a Josefina de ingratitud hacia sus parientes y allegados. El resto de ayudas, pensiones u obras de benefiencia que realiza la Emperatriz dependen de su caja de gastos menores, administrada con perfecta regularidad por el honesto Ballouhey.

Gracias a los registros consignados por Ballouhey es posible apreciar mejor la fama que logró Josefina en el terreno de la caridad. Las sumas asignadas a su caja menor fueron en constante aumento. Desde la coronación a finales de 1805 se elevan a setenta y dos mil francos al año, luego pasan a ciento veinte mil desde 1806 hasta marzo de 1809, para llegar a ciento ochenta mil desde marzo de 1809 hasta el divorcio. Hay que añadir a esas sumas una asignación especial de ochenta mil francos para el viaje a Munich. Con María Luisa, Napoleón reduce a ciento veinte mil francos al año la asignación de su caja menor. La razón de esta diferencia es que Josefina debía ayudar a numerosos parientes pobres que frecuentemente se lo solicitaban y que, al tener relaciones en Francia, cosa que no ocurría con la Archiduquesa, debía gastar más.

Distinta importancia tienen las sumas asignadas a las pensiones. Su número irá aumentando, pasando de unos cuarenta beneficiarios en 1805 a casi ciento diez en 1809. Recorrer la lista de los beneficiarios de las pensiones equivale a reconstruir la vida, el medio y la clientela de Josefina. Al azar de las cuentas, vemos resurgir a las amistades de la Vizcondesa que le recuerdan la época de Fontainebleau, como Mademoiselle Cecconi o Madame de Mont-Morin. El anonimato de los registros de la caja menor permite a Josefina infringir la prohibición de Napoleón de volver a ver a los Tallien, y paga discretamente la pensión de la pequeña Joséphine Tallien, su ahijada. Tampoco omite a la doncella de sus hijos, ni a la gobernanta de Hortensia. Sus ex doncellas viven también de su generosidad, ya se trate de Louise Compoint, que la acompañó a Italia, de Albertine Sandeur o hasta del padre de una de sus damas del guardarropa, Mademoiselle Aubert. Si bien algunas criollas sin recursos gozan de sus larguezas, socorre también a muchas personas arruinadas por la Revolución. Josefina es en realidad mujer de todos los partidos, de modo, que también cede una pensión a la esposa del revolucionario Collot d'Herbois, con el pretexto de que se muere de un cáncer de mama. Para equilibrar la cosa añade a una ex lectora de las princesas de Francia, hijas de Luis XV, así como a varias nodrizas de los hijos de Luis XVI.

Las anotaciones de Ballouhey son un verdadero registro de la nobleza, pues muchos antiguos emigrados viven de la caridad de Josefina. Encontramos entre ellos a la viuda y los hijos del almirante Grasse, a Madame de la Rochefoucauld-Bayers y a sus dos sobrinas, al marques de Girardin que recibiera a Jean-Jacques Rousseau en Ermenonville, a la viuda del general Dillon, muerto en el ejército, y a muchos otros más. Esto se debe a una estrategia calculada por Josefina para ganarse a la antigua aristocracia, y obra de caridad para asegurar el pan de cada día a sus viejos conocidos. En medio de las pensiones otorgadas a la nobleza encontramos algunas sumas destinadas a numerosos pobres, indigentes o mendigos anónimos. Suelen ser generalmente repartidas por el primer ayuda de cámara, Joseph Frère, que entrega una parte a organismos de caridad de París, como el Orfanato de la calle Saint-Pères, las religiosas de Santa Isabel, La Maternidad, las religiosas de la Perpetua Adoración, o el establecimiento de caridad de la parroquia de la Magdalena. La Sociedad de Caridad Maternal, fundada antes de la Revolución por el duque de Liancourt, suegro de la dama de honor de Josefina, reaparece en 1803 tras un eclipse durante los años revolucionarios. Vive de suscripciones, y Josefina se inscribe de inmediato con dos mil francos, y luego le otorga una pensión anual de dos mil cuatrocientos. Los pobres de Sèvres, de Rueil y de Saint-Cloud reciben igualmente una pensión anual pagada por el alcalde de la comuna.

Para el administrador, la parte más cómoda y fácil de su labor era la contabilidad de la caja menor. Sin embargo, algo muy diferente suponía administrar los caudales destinados al arreglo personal y al guardarropa. En este apartado, Josefina dispone hasta marzo de 1809 de trescientos sesenta mil francos al año, aumentados a quinientos cuarenta mil en los últimos meses del mismo año. Para María Luisa, Napoleón limita el gasto anual a cuatrocientos ochenta mil francos. Pero esas sumas están muy lejos de bastar a Josefina. Se acumulan las deudas y casi todos los años el Emperador debe conceder suplementos para pagar a los proveedores. Por ejemplo, seiscientos cincuenta mil francos en 1806, luego casi cuatro mil únicamente para saldar los gastos de 1806 y de los siete primeros meses de 1807, y un millón cuatrocientos mil francos para liquidar las deudas en el momento del divorcio. De este modo es como se ponen a disposición de Josefina cerca de cinco millones y medio de francos sólo para sus gastos de arreglo personal y guardarropa, es decir alrededor de un millón al año, constituyendo las joyas gran parte de esos gastos. En esa misma época, a los jardineros de Malmaison se les pagaba seiscientos francos al año.

Pero Josefina tiene un gusto inmoderado por todo lo que es hermoso. Compra únicamente por el placer de comprar, y no tiene coraje para despedir a un vendedor sin comprarle algo. Lamentablemente, cuando llega el momento de pagar, los gastos superan siempre las sumas asignadas. Entonces hay que recurrir al Emperador para pagar el excedente, lo que explica esas numerosas sumas suplementarias que recibe Ballouhey. El Emperador siempre termina pagando. Pero después de violentas escenas durante las cuales la Eperatriz opta por llorar, a lo que Napoleón no puede resistirse. Generalmente, llegan a la reconciliación y Josefina promete no reincidir. Pero su propensión natural a adquirir objetos de arte o ropa novedosa es tan fuerte, que no puede resistir la tentación y tan pronto como sus deudas son saldadas contrae otras nuevas. Por lo tanto, tiene que conseguir otros medios de financiación que no sean las sumas asignadas. La Emperatriz se ve pues reducida a utilizar los mismos mecanismos con los que tanto se beneficiara cuando no era más que Madame Bonaparte: pide prestado sin devolver jamás, o bien participa en dudosas operaciones bursátiles. Esas operaciones financieras, cuidadosamente ocultadas cuando vivía Josefina, salieron a la luz cuando hubo que arreglar su sucesión. Aparecieron entonces las deudas, algunas de las cuales permanecían impagadas desde la salida de la prisión de los Carmelitas, y se reclamó su pago al príncipe Eugenio y a la reina Hortensia.

En febrero de 1805, Josefina reconoce que sus deudas ascienden otra vez a trescientos seis mil doscientos setenta francos; hasta el honesto Ballouhey debe someterse a los caprichos de la Emperatriz. En tales casos Josefina, teme la cólera del Emperador, por lo que busca una manera de saldar sus deudas sin tener que recurrir a él. Después de hacer varias gestiones infructuosas para conseguir un préstamo en ese momento, encarga a Ballouhey que recurra al financiero Ouvrard para solicitarle un préstamo. Pero las dificultades a las que se enfrenta en ese momento Ouvrard en sus negocios no le permiten cubrir la deuda en su totalidad. De todos modos presta a Josefina ciento cincuenta mil novecientos cuarenta francos, que seguían impagados en 1814. Una vez más, Napoleón no se entera. En otra oportunidad, es su joyero Foncier quien le adelanta sesenta y ocho mil francos que ella avala depositando el mismo valor en joyas. Tampoco a él se le habrá reembolsado ese dinero en 1814, y Napoleón tampoco lo sabrá. Puede ocurrir que, agotada su imaginación pida prestado a sus propios hijos: una vez son cincuenta mil francos a Hortensia, otra cien mil a Eugenio.

En la primavera de 1807 la cosa es más grave. Josefina se encuentra en una situación muy delicada: está llena de deudas, los acreedores se vuelven cada vez más insistentes y necesita encontrar rápidamente seiscientos mil francos si quiere seguir ocultando la situación al Emperador. Sus deudas alcanzan en realidad una suma mucho más importante pero espera obtener, pagándolas de inmediato, un descuento considerable. Josefina empieza por sincerarse discretamente con el ministro del Tesoro, el conde Mollien, hombre prudente y discreto, luego con Marescalchi, ministro de Relaciones Exteriores de Italia en París, que está en contacto permanente con Eugenio. Marescalchi avisa enseguida al Virrey. Es probablemente lo que esperaba Josefina, que no osaba escribir directamente a su hijo confesándole sus deudas. Eugenio responde de inmediato a su ministro diciéndole que se ponga de acuerdo con Mollien, y propone una solución que hace honor a su devoción filial: es necesario sacar a la Emperatriz de esa situación tan difícil, por medio de personas que la estimen, y de una forma que sea digna de ella y del Emperador. Es decir sin alborotos pero sin ocultamientos. Propone pedir los setecientos mil francos en préstamo a los banqueros parisinos más conocidos, a los que se devolverá el dinero a razón de cincuenta mil francos al año entregados por la Emperatriz, y cincuenta mil por él mismo. Garantiza su compromiso con su palabra de honor, sus tierras en Sologne y todos sus bienes en Santo Domingo y la Martinica, de Francia y de Italia. Si esta situación no fuera posible, pide que su sueldo como príncipe francés que no le ha sido pagado en los últimos quince meses, sea afectado a cubrir las deudas de su madre. Finalmente, Eugenio pide a Marescalchi que tranquilice a su madre y que le diga que, sea cual sea la propuesta que se acepte, no redundará en perjuicio alguno para él. Al contrario, sólo tendría que agradecerle que le permita utilizar de la mejor manera posible parte de los beneficios que recibe del Emperador. Asimismo, le hace saber a su madre, que daría su vida por ahorrarle la pena más pequeña. Josefina contestará a su hijo que se ha sentido conmovida por su actitud, en la que reconoce sus sentimientos hacia ella. Pero Mollien no quiere que los banqueros de París se enteren de semejante secreto: por un lado, porque ya se les ha pedido varias veces por la misma razón, y seguramente van a negar su ayuda, y por otro, una vez hecha la petición, todo París lo comentaría al día siguiente. Para saldar con celeridad las facturas más urgentes, Eugenio debe decidirse a hacerse prestar por Mollien y Marescalchi una suma de doscientos mil francos que comienza a devolverles en cuotas de veinticinco mil. Siete años más tarde, en la sucesión de su madre, se encontrará con un crédito de cien mil francos, restos del adelanto que le hiciera para disimular sus gastos al Emperador.

# XIV. EL DIVORCIO

El enlace civil que el 9 de marzo de 1796 llevan a cabo Josefina y Napoleón, no tiene la mayor trascendencia en esos tiempos revolucionarios en que divorciarse se hace tan rápidamente como contraer nuevas nupcias. Un matrimonio religioso hubiese tenido mayor peso, pero a ninguno de los esposos le preocupa mucho eso. Bonaparte se siente honrado con esa alianza y Josefina es feliz con una unión que no parece comprometerla demasiado. Pero después de que Bonaparte tuvo conocimiento, durante la campaña de Egipto, de las relaciones de su esposa con Hippolyte Charles, aparece por primera vez el fantasma del divorcio, en julio de 1798. La misma Josefina no parece oponerse entonces a la idea. No obstante, Napoleón perdona a su regreso de Egipto y se aleja de momento la posible separación.

Pero el encanto se ha roto, y como Bonaparte se cree con derecho a tener amantes, le toca a Josefina el turno de sentirse celosa. Cuando comprende que ha unido su destino al del futuro amo de Europa, multiplica las escenas, llegando a veces a indisponer a Bonaparte contra ella. En realidad no soporta que él tenga amantes, mientras que Napoleón sin darle más trascendencia las considera un mero pasatiempo. Josefina le hace espiar, le acecha en sus aposentos, y se confía a sus amigas.

Una de las primeras mujeres que despierta sus celos es la célebre cantante italiana Giuseppina Grassini, a la que Bonaparte hace venir de Milán. Josefina quiere averiguar todo acerca de esa mujer que la preocupa, aunque no tenga en absoluto pasta de rival. En cuanto sabe que ha llegado a París, Josefina escribe una esquela, que se guarda muy bien de firmar, a su amiga íntima Madame de Krény, a fin de que requiera informes sobre la Grassini. Pero la cantante no es la única sobre la que Bonaparte posa su mirada. Algunas actrices, de las cuales la más conocida es Mademoiselle George, o lectoras como la bella Madame Gazzani, son recibidas en los apartamentos íntimos de las Tullerías o de Saint-Cloud. Cuando van a ver a Napoleón, éste imparte la consigna de que está trabajando en su gabinete con un ministro. Su puerta está cerrada entonces para todo el mundo, sobre todo para Josefina, a quien cree capaz de ir a sorprenderle. Así, una noche, Josefina arrastra por la fuerza a Madame de Rémusat para que la acompañe a un pasaje oscuro a escuchar tras de la puerta de la habitación de Napoleón, pero las dos espías huyen precipitadamente, asustadas por el ronquido intempestivo del mameluco Roustan, que duerme en los aposentos del Emperador. Para impedir las escenas de su esposa, Napoleón cita a sus amantes fuera de casa y, vestido con un frac negro y un sombrero redondo, sale de incógnito por la noche. Josefina, que ve esas relaciones con un terror que por cierto no merecen, intenta por todos los medios consolidar su unión con una ceremonia religiosa. No cesa de reclamarla, mientras Napoleón se guarda bien de hacerla celebrar, tanto más cuanto José, y sobre todo Luciano, le incitan al divorcio.

Los propios agentes de Luis XVIII están al corriente de las desavenencias entre el Primer Cónsul y su mujer. De tal modo que, durante buena parte del Consulado persisten los rumores de un posible divorcio. Atormentada por esa idea que la aterroriza y desespera, Josefina sólo ve una solución en la boda de su hija Hortensia con Luis Bonaparte. Piensa que al tomar como yerno a su cuñado, reconcilia para siempre a los Bonaparte con los Beauharnais. Es más, sin confesarlo, sabe que ya no puede tener hijos, pero que su hija los tendrá y podrían suceder algún día a Bonaparte. Sólo que Hortensia ama a Duroc, y su sentimiento está a punto de ser coronado por el éxito, cuando Josefina, con ruegos y habilidad, logra decidir a Bonaparte a concertar la boda con Luis. Hortensia, que no se siente respaldada por Duroc, cede por deber a las instancias de su madre, y la boda se celebra el 3 de enero de 1802. Ha sacrificado a su hija para consolidar su posición. El hijo que nace el 11 de octubre de ese mismo año de tan desdichada unión, el pequeño Napoleón, constituye toda la esperanza de Josefina. Es al mismo tiempo su nieto y el sobrino de Bonaparte.

Al proclamarse el Imperio, Josefina sólo aspira a ser coronada al tiempo que Napoleón. Desde su punto de vista, su coronación afianza su posición. Pero el Emperador vacila, sostenido por sus hermanos y hermanas. José, sobre todo, desea que ella no sea más que un testigo de la ceremonia, y sugiere a su hermano el divorcio. Le aconseja la alianza con alguna princesa extranjera que pueda darle un heredero directo. Las vacilaciones del Emperador, alentadas por los suyos, sumen a Josefina en profunda preocupación. Luego, dándose cuenta de las maniobras de su familia, Napoleón cambia de idea y renuncia a la separación. Pocos días antes de la coronación confía a Roederer, que no quiere abandonar a Josefina y que nombrarla Emperatriz es de justicia, ya que él está seguro de que ella no le hubiese abandonado si la suerte le hubiera sido contraria. Por lo tanto, es justo que participe de su grandeza. Bonaparte va aún más lejos y adopta al pequeño Napoleón, hijo de Hortensia, a quien nombra príncipe francés. José se queja entonces de ser desposeído de sus derechos a la corona como hermano mayor del Emperador. Napoleón, a quien irrita siempre que le contradigan, se enfurece, y parece más decidido que nunca a coronar a Josefina. Pero a Josefina no le basta con ser coronada, pues tiene que asegurar su futuro. Sabe que sin bendición nupcial, su matrimonio puede ser disuelto de la noche a la mañana.

Hábilmente aconsejada por el abate de Pradt, futuro arzobispo de Malina, confiesa al Papa que no está casada por la Iglesia. El venerable Pio VII no puede consentir consagrar su coronación en ese estado, considerado verdadero concubinato por los santos cánones. Así las cosas, el Emperador no pone obstáculos y Pío VII celebra la bendición, con todo secreto, en las Tullerías, en el gabinete del Emperador, con la presencia del cardenal Fesch. Sutil y previsora, Josefina exige un atestado escrito de la boda, que conserva siempre con cuidado, y del que nunca se desprenderá por muchos esfuerzos que haga el Emperador por obtenerlo.

Hasta el Consulado, Bonaparte se acuesta burguesamente con su esposa. Ésta, para estar segura de retenerlo en su lecho, lo ha persuadido de que, con su sueño tan ligero, si alguien intenta alguna empresa nocturna contra él, ella estaría a su lado para pedir socorro. El temor al divorcio la atormenta sin cesar hasta el punto de extraviar su razón, pero sus celos enfermizos tienen que ver más con la política que con el amor.

En 1803, Bonaparte decidió dormir en cuartos separados, a partir de una torpeza de la propia Josefina. Una noche, después de haber trabajado con Talleyrand hasta las cuatro de la mañana, al ir a acostarse, cansado y preocupado, con un candelabro en la mano, vió surgir de la oscuridad a su mujer, que, con la mirada perdida le preguntaba sin miramientos: *¿Al menos será bonita.* Desconcetado en un principio, Napoleón no supo qué responder, pero luego dejó estallar su enojo ante las sospechas de su esposa: *Ya que lo toma así, señora, duerma en su habitación, y yo lo haré en la mía.* Desde ese momento, Napoleón no volvió a dormir regularmente con la Emperatriz, quien, a partir de entonces, dejó de verle desde la noche hasta el desayuno. Bonaparte tan sólo la veía en algunas ocasiones, lo que le permitía una gran libertad. A partir de este incidente, como hace con todo lo que se vuelve escaso, Josefina comienza de pronto a dar importancia a las visitas nocturnas de su marido, tanto que a la mañana siguiente comunica a todos: *Hoy me he levantado tarde, pero es porque Bonaparte ha venido a pasar la noche comigo.*

A cada nueva aventura, Napoleón se vuelve irascible e insoportable con ella, como si quisiera echarle en cara su propia infidelidad. Lleva incluso la crueldad hasta el punto de informarle él mismo de su infortunio: *No soy un hombre como todos, y las leyes de la moral no pueden estar hachas para mí.* En semejantes condiciones, no es de extrañar que la Emperatriz, vaya sigilosamente a escuchar a su puerta. Actúa así en la época en que él vive un amorío con la señora Dûchatel, en 1804. Pero sus reproches le cansan; él se enoja, ella llora, y sólo vuelve la calma habitual una vez pasado el capricho.

Sin embargo, en octubre de ese mismo año los celos de Josefina sobrepasan los límites. En Saint-Cloud, se desliza sin hacer ruído hasta el pequeño departamento secreto donde Napoleón recibe a la señora de Vaudey, su nueva conquista. La Emperatriz les sorprende uno en brazos del otro. Asustada por la intromisión, la señora Vaudey huye, dejando al Emperador frente a su mujer. Furioso al saberse expiado, explota y en su furor habla de divorciarse. Josefina rompe en llanto. Sus lágrimas logran apaciguarlo, pero la advertencia queda hecha.

Después de la consagración Josefina sienta la cabeza, consciente de que su crédito con Napoleón depende de su aptitud para asegurarle tranquilidad en su matrimonio. Se calma, resignada a sus escapadas, evita provocarlo en un tema que le enfada. Por su parte, Napoleón parece tan empeñado en contarle sus éxitos femeninos que es posible preguntarse si no los busca únicamente para presumir. Por exceso de complacencia, ella favorece sus fantasías pasajeras asignándose el papel representado por Madame Pompadour con Luis XV al proveerle mujeres jóvenes para su placer. Así, empuja a Virginia Guilbaud, su lectora, a la cama de su marido. Napoleón lo recordará en Santa Elena, no sin cierto desagrado. Para él resultaba evidente que Josefina le procuraba amantes para retenerle y evitar el divorcio.

Los años 1805 y 1806 transcurren felices para Josefina. Se esfuma la sombra del divorcio. Napoleón que duda cada vez más de su propia aptitud para la paternidad, decide instaurar un sistema adoptivo que beneficia a los Beauharnais. El 12 de enero de 1806, adopta a Eugenio y a Hortensia, luego el 3 de marzo, a su prima Estefanía Beauharnais, a la que casa con el gran duque heredero de Badem. El Emperador se ingenia para favorecer así tan pronto al clan Beauharnais o tan pronto al clan Bonaparte, cuya reacción no se hace esperar cuando una decisión no les favorece.

Un acontecimiento imprevisto hará cambiar súbitamente el destino de Josefina, después de haber llegado a la cima de su gloria. El pequeño Napoleón Carlos, el hijo de Hortensia, a quien el Emperador nombró virtualmente heredero del imperio, muere en La Haya el 5 de mayo de 1807, a los cinco años de edad. Es un drama para la madre y una catástrofe para la abuela. Inmediatamente Josefina, para estar cerca de su hija, acude al castillo de Laeken, en las afueras de Bruselas.

Esa muerte trastoca todos los planes del Emperador y le decide a tener un heredero en línea directa. Y entonces, por primera vez, Napoleón es padre: Eleonora Denuelle de la Plaigne ha dado a luz un varón, el futuro conde León. Este nacimiento prueba al Emperador que es capaz de tener descendencia, al contrario de lo que le había hecho creer Josefina. Napoleón está en Polonia absorbido por su relación con María Walewska. Separado de Josefina durante más de diez meses, ya no está bajo su influencia y se decidirá por el divorcio. Las conferencias de Tilsit, en julio de 1807, le demuestran el alcance de su poder. Cree estar en condiciones de elegir, entre las dinastías reinantes, a la princesa que puede suceder a Josefina. En agosto de 1807 los esposos hablan con franqueza de una eventual separación.

Los rumores se difunden rápidamente en las Tullerías. El embajador de Austria, Metternich, da cuenta de las desavenencias entre los esposos. En la Corte, todos tienen interés en que Josefina se mantenga en el trono. Es dulce, equilibra con su ecuanimidad los arrebatos de Napoleón y sabe hacer favores. La llegada de una princesa desconocida, rusa o austríaca, da lo mismo, al elevar al Emperador al nivel de las viejas familias reinantes, amenaza con alejarlo aún más de sus cortesanos. En la ciudad se habla de la disolución del matrimonio; cada uno expone su propia opinión, casi siempre en función de sus propios intereses. En París, sólo los devotos, los partidarios de la Fronda y las mujeres de cuarenta a cincuenta años, por solidaridad femenina con Josefina, lo desaprueban profundamente.

La opinión pública habla abiertamente de la posibilidad de una unión con la hermana del zar Alejandro. En esos momentos, encontrándose la Corte en Fontainebleau en noviembre de 1807, Fouché va un día a ver a la Emperatriz y, después de un corto preámbulo, le propone que se presente delante del Senado para solicitar el divorcio por el bien de la nación. Preparada hace tiempo para recibir esta propuesta, pregunta a Fouché con la mayor sangre fría si esa misión le ha sido ordenada por el Emperador. Él le responde que no, que habla como ministro encargado de la vigilancia general, como particular, como súbdito leal a la gloria de la patria.

Así transcurren varios días en Fontainebleau sin que se toque el tema, cuando de pronto el Emperador acude de nuevo a compartir los aposentos de su esposa y aprovecha un momento oportuno para preguntarle por la razón de la tristeza que parece embargarla desde hace algún tiempo. Josefina le confiesa entonces la conversación que tuvo con Fouché. Napoleón la tranquiliza y desautoriza la iniciativa del ministro de Policía. Fouché se da cuenta de que ha fallado el golpe y unos días más tarde se explica en una carta a Josefina. En ella le declara que persigue un gran objetivo político, y no ve en esa separación más que el interés del Estado. Ella muestra la carta al Emperador, y éste le promete que amonestará a su ministro. Podemos preguntarnos si no fue el propio Napoleón quien encomendó a Fouché esa gestión que, al no tener éxito, necesariamente debe desautorizar, pero la cuestión quedaba así planteada En ese asunto, Fuoché adopta una línea de conducta bien definida y como de costumbre se adelanta a su amo. Hace suyas sus pasiones para servirlas mejor, a pesar de que esas pasiones apenas se esbocen y no hayan tomado cuerpo todavía.

Fuoché publica un boletín, el 19 de noviembre de 1807, en el que explica cómo ve él la situación: expone que, en la Corte, entre los gobernantes, en todos los círculos, se habla de la disolución del matrimonio de la Emperatriz. Las opiniones de la Corte están divididas, continúa Fouché: las personas que gozan de la confianza de la Emperatriz parecen persuadidas de que ésta nunca se resolverá a esa separación, dicen que la Emperatriz es adorada en Francia, que su popularidad favorece al Emperador y al Imperio, que la felicidad del uno como de la otra depende de la duración de su matrimonio, que la Emperatriz es el talismán del Emperador y que su separación será el final de su fortuna. Estas personas mantienen a Josefina firme en sus ideas, la apartan de cualquier resolución en contra y la comprometen a mostrarse en público para desmentir los rumores que circulan sobre su separación. El otro partido de la Corte, siempre según Fouché, contempla la disolución como algo necesario para el establecimiento de la dinastía, trata de preparar a la Emperatriz y le da los consejos que cree convenientes en esa situación. La opinión de la familia imperial es unánime a favor del divorcio. En cuanto a los círculos de París, no hay divergencia de opiniones entre los partidos de la dinastía. Parecen convencidos de que su permanencia sólo puede asegurarse con hijos del Emperador. Con estas manifestaciones, Fouché ha ido demasiado lejos.

El Emperador, descontento, escribe a su ministro de Policía desde Venecia recordándole su opinión sobre la insensatez de las gestiones de Fontainebleau y reiterándole que su deber es seguir las directrices del Emperador y no actuar a su antojo, ya que esta conducta no puede hacer más que confundir a la opinión pública. A las acciones de Fouché, Josefina responde con su benevolencia habitual, sosteniendo a su hija sobre la pila bautismal, enviando obsequios a su mujer, o apoyando al ministro de Policía en sus momentos difíciles. La Emperatriz no teme la malevolencia de Fouché, y se burla de su vigilancia.

Mientras, Napoleón no recibe ninguna respuesta favorable de Rusia. Sabe además que a la madre, María Feodorovna, le repugna entregar a una de sus hijas al *tirano sanguinario que gobierna Europa.* Si se apresurara el divorcio, y éste no fuese seguido de inmediato por una boda, el Emperador se vería en una situación desagradable y hasta ridícula.

A comienzos del año 1808 parece afirmarse la posición de Josefina. Pero sólo se trata de una demora; Josefina lo sabe. Los rumores de divorcio llegan a todos los lugares del Imperio. Pero Napoleón no puede decidirse a abandonar a Josefina. La sigue amando y la separación le resulta cruel. Además, Napoleón, hombre de costumbres, teme, sin confesarlo, la llegada de una nueva esposa. Si se separa de Josefina, perderá todo ese encanto que ella sabe poner en la vida cotidiana. En efecto, ella se somete a todo y le conoce perfectamente, mientras que él deberá estudiar los gustos y costumbres de una mujer joven que tal vez vea en él a un viejo.

Un día de marzo de 1808, mientras Josefina esperaba a Napoleón para la hora de reuniones, vienen a buscarla diciéndole que el Emperador ha enfermado. Lo encuentra, en efecto, sufriendo violentas y dolorosas crisis abdominales y de un extremado nerviosismo. Al verla entrar no puede contener su llanto, la toma en sus brazos, y la estrecha diciéndole: «¡Mi pobre Josefina, no podré abandonarte!» La crisis aumenta, y Napoleón le ruega que permanezca junto a él y comparta su cama. Sigue reiterando que los Bonaparte le atormentan y le hacen desdichado. Reconfortada con el encono del Emperador hacia su familia, Josefina transforma su viaje a Bayona del verano de 1808 en un verdadero triunfo personal, conquistando las poblaciones con su gracia y su sonrisa, y sometiéndose totalmente a los caprichos de su esposo.

Cuando Napoleón se dirige a Erfurt en septiembre de 1808, no lleva a la Emperatriz. Josefina se cree a salvo, sin embargo, el Emperador nunca ha estado más decidido a separarse de ella. Talleyrand, reconciliado con Fouché, le cuenta las confidencias que recibe en Erfud de Napoleón, quien está convencido de haberse impuesto al zar Alejandro. Bonaparte entiende que su destino y la tranquilidad de Francia le exigen el divorcio para poder fundar una dinastía, y esto sólo lo puede hacer uniéndose a una princesa perteneciente a una de las grandes casas reinantes de Europa. El Emperador Alejandro tiene hermanas, una de las cuales cuenta con la edad conveniente. Se pone en contacto con Romanzof, ministro de Relaciones Exteriores ruso, y le comunica que cuando acabe sus asuntos en España compartirá sus miras en cuanto al reparto de Turquía.

Napoleón desea que el asunto se realice lo más rápidamente posible. Se sincera con Caulaincourt, su embajador ante el zar. Como sabe que Caulaincourt es muy leal a la Emperatriz, le plantea el tema del modo más suave posible. Le comenta el sacrificio que supone para él separarse de Josefina, a quien ama profundamente; pero que, tanto su familia, como Talleyrand, Fouché y todos los hombres de Estado se lo piden en nombre de Francia. A su regreso de Erfurt en octubre de 1808, el Emperador se dedica al asunto de España, que le ocupa hasta enero de 1809. El asunto de Josefina sólo está postergado, y ella lo sabe. Es cierto que Napoleón sigue escribiéndole con frecuencia, pero sus cartas terminan ahora con una despedida fría e impersonal.

El Emperador que permanece apenas dos meses en París, no tiene tiempo de ocuparse del tema del divorcio. En abril de 1809 parte otra vez a la campaña de Austria, que culmina con las victorias de Essling y de Wagram. El aplazamiento es muy corto. En el otoño de 1809, desde el palacio de Schönbrunn, donde reside en las cercanías de Viena. Napoleón da la orden de tapiar en Fontainebleau la comunicación entre sus aposentos y los de la Emperatriz. A su regreso a Fontainebleau, saluda a la Emperatriz con frialdad. Josefina, ahora sabe que Napoleón se ha decidido. Toda la Corte se aparta de ella y los Bonaparte ya casi ni la respetan. Pero todavía tiene que continuar desempeñando el papel de Emperatriz, pese a la pena que la embarga y que no siempre logra disimular.

El 30 de noviembre de 1809, dos semanas después del regreso del Emperador a las Tullerías, estalla la tormenta tanto tiempo contenida. La Emperatriz, que ha llorado todo el día, oculta la palidez de su rostro y el enrojecimiento de sus ojos con un gran sombrero blanco que le cubre totalmente la frente. Se sirve la comida, pero nadie toca los platos. Depués del café, el Emperador da a entender que quiere quedarse a solas con la Emperatriz. Al cabo de algunos minutos se oyen unos gritos; Napoleón abre entonces bruscamente la puerta del salón y llama al chambelán de servicio. Bausset entra en el salón y ve a la Emperatriz tendida en la alfombra, lanzando desgarradores gritos. Bausset levanta a Josefina, a quien cree presa de un ataque de nervios. El Emperador y el chambelán la cargan, el uno por los brazos y el otro por las piernas, y bajan por la pequeña escalera que comunica con los aposentos de la Emperatriz. Josefina parece inconsciente todavía. Al bajar los escalones, Bausset, que teme resbalar a cada instante, aprieta a Josefina contra sí, pero el pomo de la espada se aplasta contra el hombro de la Emperatriz. Ésta no puede resistir, y al cabo de un momento le susurra directamente al oído: «Me apretáis demasiado.» Bausset, sorprendido al oírla hablar, comprende que Josefina ha fingido el desvanecimiento.

El 2 de diciembre, aniversario de la coronación, Josefina ofrece una fiesta en Malmaison en honor de los soberanos alemanes invitados en ocasión de la firma del tratado de paz con Austria. Así, durante quince días, todo son fiestas y recepciones: Tedeum en Notre-Dame el 3 de diciembre, gran desfile en las Tullerías y fiesta en el ayuntamiento el 4, recepción en casa de Berthier en Grosbois el 11 y gran reunión en la Corte el 14. Pero en realidad estos días son para Josefina un auténtico calvario, en los que debe soportar el aire de satisfacción y de triunfo de los Bonaparte, felices de asistir a la caída de su cuñada y a la derrota definitiva de los Beauharnais. La determinación del Emperador es demasiado firme para volverse atrás. Josefina decide conservar toda su dignidad en presencia de los reyes de Sajonia, de Baviera, de Wurtemberg y de los príncipes de Alemania. Éstos admiran su actitud resignada y su carácter noble. Lo recordarán en mayo de 1814, cuando vayan a visitarla a Malmaison, y entonces su manera de proceder en el pasado abogará en su favor. Hasta el final, Josefina adopta una actitud de Emperatriz reinante. Asiste a todas las fiestas y sostiene las miradas, lo que no deja de impresionar al futuro canciller Pasquier, presente en la última gran tertulia de la Corte que ella preside la víspera del divorcio. Pasquier escribe sobre esta ocasión:

*Nunca olvidaré la última velada en que la Emperatriz repudiada hizo todavía los honores de la Corte. Era la víspera del día en que habría de pronunciarse la disolución del matrimonio. Había una gran reunión. Según la costumbre se ofreció una gran cena en la galería de Diana, servida en muchas pequeñas mesas. Josefina estaba sentada en la mesa del medio, y los hombres circulaban a su alrededor, buscando esa inclinación de cabeza tan graciosa que solía hacer a sus conocidos. Permanecí algunos minutos cerca de ella, y no pude dejar de sentirme impresionado por el perfecto dominio de su comportamiento en presencia de toda esa gente que seguía homenajeándola y que no podía ignorar que era por última vez; que, en una hora, ella descendería del trono y abandonaría el palacio para no volver jamás. Sólo las mujeres pueden superar las dificultades de una situación semejante, pero dudo que pudiera encontrarse otra capaz de imponerse con gracia y mesura tan perfectas. El dominio de Napoleón no fue tan perfecto como el de su víctima.*

Ella que ha pasado la vida temiendo el divorcio, debe aceptarlo ahora. La ceremonia ha sido fijada para la tarde del 15 de diciembre, en el salón del trono y en el gabinete del Emperador de las Tullerías, ante toda la familia imperial, los principes del Imperio, las damas de honor de la Emperatriz y los grandes oficiales de la Corona. Ese divorcio, por mutuo consentimiento, tiene lugar en presencia de los dos esposos. Napoleón recuerda el afecto que siente por Josefina, y lo que lamenta la separación. Luego la Emperatriz intenta leer el texto de su repudio, que ha corregido de puño y letra, añadiendo a la redacción oficial las declaraciones más conmovedoras. Apenas puede pronunciar las primeras palabras; las lágrimas la ahogan y no puede proseguir la lectura. Regnault de Saint-Jean-d'Angély continúa entonces en su lugar.

*Con el permiso de nuestro augusto y querido esposo, debo declarar que, al no conservar esperanza alguna de tener hijos que puedan satisfacer las necesidades de su política y el interés de Francia, me complazco en darle la mayor prueba de cariño y devoción que nunca se haya dado en este mundo. Todo lo que tengo lo debo a su bondad; su mano me coronó; en este trono no he recibido más que pruebas de afecto y amor del pueblo francés.*

*Creo agradecer todos esos sentimientos al consentir en la disolución de un matrimonio que ahora es un obstáculo para el bien de Francia, que la priva de la felicidad de ser gobernada un día por los descendientes del gran hombre traído evidentemente por la Providencia para borrar los males de una terrible revolución, y para restablecer el altar, el trono y el orden social. Pero la disolución de mi matrimonio no cambiará en nada los sentimientos de mi corazón: el Emperador siempre tendrá en mí a su mejor amiga. Sé cuánto angustia a su corazón este acto impuesto por la política y por tan elevados intereses; pero uno y otra comprendemos la gloria del sacrificio que hacemos por el bien de la patria.*

Al día siguiente, el 16 de diciembre, a las once de la mañana, el Senado se reúne para deliberar acerca de los acontecimientos de la víspera. Todas las miradas se vuelven hacia Eugenio, que, en calidad de senador, toma la palabra. Se espera su intervención con no disimulada curiosidad, pues su misión es delicada y hasta difícil. Eugenio, que ha corregido el proyecto de discurso que le preparó Maret, declara con nobleza, al hablar de su madre:

*Su alma se ha enternecido muchas veces al ver enfrentado a penosos combates el corazón de un hombre habituado a dominar el des-*

*tino y a caminar siempre con firmeza hacia el cumplimiento de sus grandes objetivos. Las lágrimas que ha costado al Emperador esta resolución bastan para la gloria de mi madre.*

Una resolución del Senado, votada ese mismo día por setenta y seis votos a favor, siete en contra y cuatro en blanco, decreta la disolución del matrimonio civil, el más importante según el Emperador. La declaración de nulidad pronunciada por la autoridad diocesana de París el 9 de enero de 1810, y el juicio de segunda instancia de la oficialidad metropolitana del 11 de enero, son para él meras formalidades. Bajo el viento y la lluvia, Josefina deja las Tullerías por Malmaison el 16 de diciembre. La Emperatriz sube a su coche sin volverse para lanzar una última mirada a ese espacio al que nunca regresará.

Napoleón se retira al Trianón. Cuando posteriormente acude a visitarla, la encuentra debilitada. Durante esos primeros días la vida no es fácil para ella. Napoleón, sin embargo, no cesa de escribirle. Como conoce bien a Josefina alterna en sus misivas retos con pruebas de amistad. Pero apenas tiene la torpeza de comunicarle su aflicción y su pesadumbre, ella entra de inmediato en estados de terrible angustia. Si demasiada frialdad por parte del Emperador la desconsuela, la expresión de su pena aumenta el estado de debilidad de Josefina. Destruida, sin gusto por nada, se entrega a la desesperación. El descanso le procura ahora un verdadero contento, y con extrema resignación recibe las señales de respeto y consideración que se le manifiestan.

A Josefina, Malmaison le parece súbitamente vacía. Sus hijos la acompañan para apoyarla en esos momentos difíciles. Los recuerdos acuden en tropel y arrancan incontenibles lágrimas. Eugenio intenta distraerla y la sostiene lo mejor que puede. Madame de Rémusat, pese a los consejos de su entorno, se niega sin vacilar a abandonar a Josefina. La sigue a Malmaison y la reconforta tanto como puede. El Emperador no ha dictado ninguna consigna especial a ese respecto. Algunas damas de la Corte, pensando adivinar los deseos del amo, se creen obligadas a no aparecer por Malmaison. El Emperador las amonesta por ello. Se divulga esa noticia, y enseguida se llenan de coches las avenidas que llevan al castillo y se amontonan los cortesanos en los aposentos de la Emperatriz. Todas esas visitas convencionales la afligen profundamente. Las de Napoleón la afectan más aún. La proximidad del Trianón es una tortura. Sabe que el Emperador está muy cerca de ella y aguarda con impaciencia sus visitas o sus cartas, pero el tono de esas misivas reaviva su dolor. Sin comprender que ha destrozado su vida, Napoleón le aconseja estar alegre, portarse bien y cuidar de su salud. De regreso a París, el Emperador descubre a su vez la soledad.

Josefina soporta el divorcio con el mayor dolor, el más vivo que se pueda imaginar. Después de quince años de una vida con tantos acontecimientos compartidos no puede abandonarlo todo sin una gran emoción. Llora amargamente cuando la visitan conocidos que le recuerdan los buenos tiempos pasados.

Fouché propaga el rumor de que la gente del barrio de Sain-Germain, muy monárquico, es la que concurre a Malmaison por odio al Emperador. En realidad, son los grandes funcionarios del Estado los que van, obedeciendo los deseos de Napoleón. Por otra parte, Josefina piensa que el divorcio no sólo ha indispuesto a la gente de Saint-Germain, sino que ha perjudicado también al Emperador. En los barrios populares cada uno cree que el acontecimiento le concierne, desde la frutera hasta la burguesa o la ex Condesa, pues esa causa es la de todas las mujeres, los niños, los matrimonios y, en definitiva, de todo el orden social. Josefina piensa que hacer depender la suerte de la monarquía del nacimiento de un varón, equivale a disminuir el prestigio y la fuerza del Imperio. Las monarquías de Europa no se asientan sobre la cabeza de un solo niño, sino de las de la familia entera del monarca.

En los primeros días de enero de 1810, comienza a recuperarse; llora menos y empieza a asumir su suerte con resignación. Siempre ha mirado las grandezas como algo pasajero, y sólo extraña a la persona del Emperador. No teme las maledicencias, y se siente tan segura que llega a decir: *Me siento más Emperatriz que nunca, pues ya no lo soy por la fuerza de la autoridad. Lo soy por la superioridad de mi alma y por el tributo de la opinión pública, cuyo homenaje he recibido sin que ningún poder o sugerencia lo fuerce...*

El 2 de enero de 1810, con ayuda de Hortensia, toma la sorprendente actitud de invitar a Malmaison a Madame de Metternich, esposa del canciller de Austria, a fin de declararle sin ambages que vería complacida a una archiduquesa austríaca subir al trono de Francia, y que ya ha hablado del tema con el Emperador. Es posible que adoptase esa actitud para ganarse a la nueva Emperatriz y conservar vínculos privilegiados con la Corte, pues todo lo intentará para que no se la olvide y mantenerse cerca de París. Sorprendida, Madame de Metternich refiere de inmediato esa conversación a su marido, quien confiesa con gran satisfacción que comparte las aspiraciones de la Emperatriz. Él piensa en la archiduquesa María Luisa. Pero conviene aguardar a que la petición venga del propio Napoleón, sin perjuicio de hacerle saber por Josefina que el emperador de Austria estaría dispuesto a concederle la mano de su hija. Pero Napoleón por el momento, rechaza ese proyecto; cuando lo reconsidere algún tiempo después, juzgará conveniente recurrir a la mediación de Eugenio y no a la de su madre.

A Josefina sólo le resta, ahora, intentar un acercamiento a la nueva Emperatriz. Pero no cuenta con el carácter de María Luisa, a quien la menor alusión a Josefina alarma e inquieta. Por su parte Josefina, nada vengativa, no la considera una rival. Se contentaría con aconsejarla y considerar un poco suyo al niño que va a nacer. No obstante, María Luisa rechaza de forma categórica la mano que se le tiende. Josefina un poco despechada confía a Eugenio:

*Parece que la emperatriz María Luisa no ha hablado de mí y no tiene ningún deseo de verme. En esto estamos perfectamente de acuerdo, y sólo hubiera yo consentido el verla para dar el gusto al Emperador. Parecería, incluso, que siente por mí algo más que distanciamiento, aunque no veo el motivo, porque sólo sabe de mí el gran sacrificio que he hecho por ella. Deseo tanto como ella la felicidad del Emperador, y este sentimiento debería aproximarla a mí.*

Napoleón se arregla bastante bien con los celos de las dos emperatrices, incluso los alienta al confesar a Josefina que María Luisa la encuentra vieja. Al no conseguir un acercamiento a la madre, Josefina intentará acercarse al rey de Roma.

Aunque separada del Emperador, Josefina conserva el título de Emperatriz, Reina coronada. La corona imperial y el manto salpicado de abejas siguen adornando su escudo de armas. Napoleón se ha ocupado de instalarla suntuosamente. Por decreto del 16 de diciembre de 1809, pone a su disposición el palacio del Elíseo, el más bello de París, y le otorga el dominio de la Malmaison. A esa brillante dote añade el 11 de marzo de 1810 el castillo de Navarra, cerca de Evreux, y agrega a esas tierras y castillos ofrecidos de un plumazo fuentes de recursos casi inagotables y rentas para que Josefina pueda vivir como una Emperatriz. Por decisión del Senado se fija una renta anual de dos millones de francos pagaderos por el tesoro del Estado, cantidad a la que el Emperador suma un suplemento de un millón. Goza así de tres millones que deberían bastarle para mantener una posición desahogada. Salvo que resta pagar algunas viejas deudas, que Josefina confiesa que ascienden a casi dos millones. Bien sabe Napoleón que siempre ocurre lo mismo y que aproximadamente cada tres años debe reflotar su tesorería. Después de efectuar severas reducciones en las facturas de los proveedores y de rebajarlas de un millón novecientos mil francos a un millón cuatrocientos mil, el Emperador acepta adelantar la suma, pero decide esta vez que Josefina la reembolse en dos años, deduciéndola del millón complementario que él le atribuyó. Pagará así setecientos mil francos en 1810 y otro tanto en 1811, lo que dejará todavía para esos dos años un ingreso de dos millones trescientos mil francos por año. Esos tres millones anuales constituyen la parte conocida de las larguezas imperiales, a las que todos los años se añaden sumas cuyo monto exacto se desconoce al haberse perdido las cuentas detalladas.

Sin embargo, subsisten todavía en la lista de piezas enumeradas en el inventario posterior a su deceso, menciones que nos permiten acercarnos a la realidad. En tres años y medio, desde el 1 de enero de 1810 hasta el 1 de junio de 1814, Josefina gasta casi catorce millones de francos, lo que significa que supera en cuatro millones las sumas que se le asignan. Pero todo esto no basta a la pródiga Josefina, que ya en el verano de 1811 se encuentra otra vez endeudada. No hay que imputarle toda la culpa, pues hay abuso y hasta robo entre sus empleados, a veces al más alto nivel. Así, el servicio de las caballerizas está completamente desorganizado por la negligencia de su caballerizo mayor, Monsieur de Monaco. Todos los días llegan quejas de los proveedores, pues Monsieur de Monaco hace cambiar las fechas de sus facturas pasándolas de 1810 a 1811 para demorar los pagos. Suele así pedir préstamos sin avisar al mayordomo general; Josefina llega a la conclusión de que este señor es un estafador. Napoleón, que esperaba verla más razonable, tiene que rendirse ante la evidencia. Ella no controla en absoluto sus cuentas y se pone por completo en manos del personal de su casa y sus proveedores, que le roban descaradamente. Cuando esto llega a oídos del Emperador, no puede dejar de reconvenirla suavemente. Le sugiere que ponga orden en sus cuentas; que no gaste más de un millón y medio de francos y que ahorre otro tanto al año, de manera que pueda reunir una reserva de quince millones en diez años, para dejar a sus nietos.

Pero las recomendaciones surten muy poco efecto en la Emperatriz, que piensa que el Emperador habla bondadosamente de sus deudas, y declara que las han exagerado mucho ante él. Aunque llena como siempre de buena voluntad, no logra sin embargo poner orden en su casa y evitar todo nuevo gasto. Pero mientras tanto Napoleón que no ignora el abismo de deudas que pronto se abrirá de nuevo ante ella, toma medidas y pide a Mollien, ministro del Tesoro que le rinda cuentas exactas de las finanzas de la emperatriz Josefina. Mollien, que conoce perfectamente su situación financiera, encuentra sumamente penosa la misión, pero el Emperador confía en su famosa severidad. El 1 de noviembre de 1811, Napoleón envía sus instrucciones al ministro: en adelante, no se pagará nada al mayordomo general de la casa de la Emperatriz sin que presente pruebas de que ya no hay deudas, sirviendo de garantía sus propios bienes. El Emperador encuentra ridículo que haya todavía deudas impagadas cuando la Emperatriz estaría en condiciones de ahorrar dos millones. Encarga a Mollien la delicada misión de hacer comprender a Josefina, que el Emperador espera que su casa sea administrada con la mayor economía y que se disgustaría si no hiciera nada al respecto. Pues la emperatriz María Luisa sólo cuenta con mil escudos y, sin embargo, salda sus facturas cada ocho días, no se compra vestidos y se impone privaciones para no contraer deudas. Napoleón ya no admite que los gastos de Josefina superen los de la Emperatriz reinante. Habituada a semejantes situaciones, Josefina promete una vez más liquidar todas sus deudas antes de fin de año. En diciembre de 1811, escribe a Eugenio, su confidente habitual para esos temas, que a finales de mes quedarán saldadas todas sus deudas, lo que la hace feliz, no tanto por sí misma sino por hacer algo que complazca al Emperador. Pero la investigación que realiza Mollien personalmente revela cerca de un millón ciento sesenta mil francos de deuda contraída en dos años. Napoleón, confía a su ministro que Josefina no puede ya contar con él para pagar sus deudas, y que no es posible que la suerte de su familia descanse solamente sobre los hombros del Emperador.

Economizar será su meta para el año1812; pero Josefina se engaña a sí misma. En 1813, el estudio de sus cuentas podría permitir pensarlo, pues en diez meses sólo gasta alrededor de dos millones doscientos mil francos, y logra casi un equilibrio financiero. Pero todo esto no es más que apariencia, pues a su muerte sus herederos encuentran casi tres millones de francos de deudas, algunas de las cuales, que se remontan al año XIII, habían pasado a través de todas las liquidaciones efectuadas por Napoleón.

De los tres millones de renta anual de que dispone, Josefina debe dedicar casi la mitad para pagar al personal de su nueva casa. Establece un primer proyecto de presupuesto que se eleva a un millón trescientos veinte mil francos, pero que el Emperador se apresura a reducir a un millón doscientos mil. Esa considerable suma no alcanza a cubrir más que los sueldos y los gastos materiales de la nueva casa, que se organiza en seis apartados bien definidos. El primero, se refiere al servicio de honor. Cuesta ciento cincuenta mil francos por año y se compone de un capellán principal, de una dama de honor, de seis damas de palacio, de un caballero de honor, de seis chambelanes, de un caballerizo mayor, de cuatro caballerizos y de un mayordomo. El segundo apartado es el del mayordomo, al que se agrega el servicio de salud compuesto por un médico de cabecera, otro médico, un cirujano, un cirujano de cabecera y un farmacéutico. Este servicio cuesta cincuenta y nueve mil quinientos francos. Un tercer apartado, destinado al culto, es muy modesto, con sus dos capellanes y sus doce mil francos por año. El servicio de cámara y de música, que ocupa el cuarto apartado, alcanza los doscientos ochenta mil francos. Es verdad que ese servicio incluye también la caja para gastos menores y vestuario, y que hay que pagar un director de orquesta y sus músicos, dos ujieres de gabinete, seis ayudas de cámara para el guardarropa.

Antes del divorcio, Napoleón otorgaba a Josefina ciento veinte mil francos para las limosnas y pensiones, suma que luego asignaría a María Luisa. Después del divorcio, ya no le concede más que sesenta mil francos por año. Reducir la caja menor, pase, pero disminuir los gastos de vestuario es algo imposible para Josefina. El servicio de alimentación y de librea, que constituye el quinto apartado, es el que implica mayor cantidad de personal: el supervisor y su adjunto tienen sesenta y seis personas bajo sus órdenes, con un presupuesto de ochenta y un mil ciento sesenta francos, a los que se añaden los gastos de calefacción, la iluminación o la cocina; lo que eleva la suma a quinientos cuarenta y dos mil setecientos francos, es decir, casi la mitad del presupuesto. Por fin, el último capítulo, el de las cuadras, está organizado sobre la base del mantenimiento de sesenta caballos y no podrá exceder la suma de cien mil francos, que Monsieur de Monaco considera insuficiente y pronto se encarga de superar.

Las mejores familias estarán llamadas a ocupar los cargos del personal de sevicio de honor de Josefina, con la que mantendrán un trato diario. La mayor parte de ellos seguirá siéndole fiel después de su separación. El capellán principal es el señor de Barral, arzobispo de Tours, cuyo hermano se ha casado con una Beauharnais. Es el encargado de todo lo que concierne al culto y a la distribución de las limosnas. La dama de honor dirige toda la casa y reglamenta el servicio de los aposentos, el del guardarropa y de las joyas. Ese puesto delicado lo ocupa una persona de confianza y de experiencia, Madame d'Arberg; de cincuenta y cuatro años de edad, proviene de una de las familias más antiguas de Alemania y es prima segunda de la reina viuda de Prusia. Antes desempeñaba funciones de dama de palacio. Napoleón la aprecia mucho, y goza también de la confianza de Josefina, que le tiene verdadero cariño. En efecto, Josefina necesita a su lado a una mujer respetable que sepa imponer el orden y hacerse temer si fuese necesario. Madame d'Arberg es el pilar sobre el que reposa todo el edificio. Tiene bajo sus órdenes a ocho damas de palacio. El caballero de honor, Monsieur de Beaumont, ex introductor de embajadores de la Emperatriz, tiene la misión de acompañar a Josefina en sus desplazamientos, de velar por su guardia y ocuparse de la policía y la distribución de los alojamientos en las distintas habitaciones de Su Majestad.

Las personas que componen el servicio de la casa de Josefina son relativamente jóvenes, salvo Madame d'Arberg y Monsieur Beaumont. Todos entre treinta y cuarenta años, entre ellos cinco hombres solteros. Josefina, cuyo placer en favorecer las relaciones entre sus allegados es conocido, se apresura a remediar esta situación. Para cada uno de los matrimonios que decide, ofrece generosamente una dote de cien mil francos.Todas estas personas forman un ambiente agradable al que se suma a menudo la reina Hortensia, y que ayuda a Josefina a vivir en los primeros tiempos de la separación.

La Emperatriz que no quiere quedarse demasiado tiempo en Malmaison, lugar lleno de recuerdos del Emperador, desea vivamente ocupar el Elíseo. Pero tiene que esperar todavía la partida de los Murat, que están viviendo allí, para entregar el palacio a su arquitecto. Puede al fin tomar posesión el 3 de febrero de 1810. Josefina esperaba encontrar allí la paz, pero París se prepara bajo sus ventanas para las fiestas de la nueva boda del Emperador. El Emperador apresura pues la instalación de Josefina en Navarra. Ella debe abandonar París, y hasta Malmaison, durante las fiestas de su boda con Maria Luisa. Después de un mes en el Elíseo, Josefina obedece y parte para lo que ella considera un humillante alejamiento forzoso. Más que nada teme el olvido.

Tiene miedo de que Napoleón la aparte o la exilie en Italia junto a Eugenio. Así pues, encarga a su hijo, por aquel entonces en París, que entregue una carta al Emperador pidiéndole permiso para regresar a Malmaison y un adelanto de algunos cientos de miles de francos para hacer habitable el castillo de Navarra. Por primera vez, el Emperador no contesta directamente su carta, y le transmite su respuesta por Eugenio. Josefina se cree completamente borrada del corazón y hasta del recuerdo de su esposo. En abril le manda una carta desde Navarra, cuyo tono oficial y sumiso conmueve a Napoleón; Josefina gana la partida restableciendo las viejas relaciones. Sabe, al menos, que puede proseguir su correspondencia con el Emperador sin ningún intermediario.

# XV. RETIRADA EN EL CASTILLO DE NAVARRA

Bonaparte se ocupa de alejar a Josefina de París, pues no resulta conveniente que durante ese mes de abril de 1810 permanezca en el Elíseo ni en Malmaison, durante las fiestas de la boda con María Luisa. El 8 de marzo de 1810, compra las tierras de Navarra cerca de Evreux, las erige en ducado y al día siguiente escribe a Josefina para que tome posesión y se instale allí durante las festividades parisinas; ésta, acata la voluntad de Napoleón con abnegación. Josefina teme que el castillo no sea habitable en el estado en que se encuentra. Será necesario efectuar reparaciones y sobre todo estar allí para supervisar su ejecución. Como perfecta ama de casa y mujer de buen gusto, se complacerá en dirigir los arreglos de su nueva morada. Se pone en camino el 29 de marzo. Es recibida por el prefecto en el límite de su departamento. Al atravesar las poblaciones su marcha sufre demoras a las que no puede sustraerse.

A las cuatro de la tarde el cortejo llega a Evreux. La reciben el alcalde y el cuerpo municipal en pleno. Tiene que soportar todavía discursos y bandas de música, atravesar al paso la ciudad, donde una amable multitud la saluda con visible simpatía, y luego, por la ruta de Caen, llegar al castillo de Navarra, que jamás ha visto y que de ahora en adelante le servirá de residencia forzada. La calurosa acogida de los habitantes la entristece, pues interpreta las fiestas como agasajos y cumplidos de consuelo; la compadecen porque ya no es nada. Al día siguiente de su llegada el alcalde hace cambiar el nombre de dos calles de Evreux: la calle del Departamento, es rebautizada como calle de la Emperatriz, símbolo de la gloria pasada junto a Napoleón, y la de Saint-Taurin recibe el nombre de Josefina, evocación nostálgica de la mujer solitaria.

Las muchas reparaciones y cuantiosos gastos que necesita su nueva morada, provocan en Josefina una primera impresión desfavorable. Sin embargo, cree que Navarra puede convertirse en una hermosa mansión, pero de momento no es habitable y hay que reformarla toda. Cada una de las personas de su séquito, muy reducido sin embargo, no dispone más que de una pequeña habitación. No cierran las puertas ni las ventanas. Su propio alojamiento es pequeño, incómodo, y las maderas están deterioradas. Josefina, preocupada por economizar, pronto advierte que sólo la calefacción requiere ingentes cantidades de leña y carbón, para calentar la planta baja nada más. En los pisos superiores la gente estará transida de frío. A Josefina le seduce el parque, que le parece magnífico. Está formado por un valle situado entre dos colinas cubiertas de bosques de la mayor belleza, alegrados por cursos de agua naturales. Navarra de mayo a julio, es el lugar más encantador que existe, pero a finales de verano se convierte en el sitio más húmedo y malsano.

Estas tierras, en las que se encuentra Josefina, deben su nombre a la antigua casa solariega de los reyes de Navarra, condes de Evreux, en la Edad Media, y el castillo fue construido entre 1679 y 1686 por Jules Hardouin Mansart para el duque de Bouillon. Al llegar, Josefina descubre una imponente construcción sin gracia, de diseño cuadrado, coronada por una cúpula que ilumina una vasta sala a la italiana flanqueada por cuatro vestíbulos. La planta baja está ocupada por sus aposentos y los de su hija la reina Hortensia, por un salón capilla, una sala de billar, un comedor y la gran escalinata. En el piso superior hay catorce habitaciones con dependencias para las personas de su casa, y otras trece en las buhardillas para la servidumbre. En las proximidades se levanta el pequeño castillo construido en 1749 para albergar a Luis XV y Madame de Pompadour. Josefina lo destina a su hijo, el príncipe Eugenio. Dispersos por los alrededores, numerosos edificios utilitarios se distribuyen en la propiedad. Pero el verdadero esplendor de Navarra reside en su parque, donde el célebre Le Nôtre trazó el jardín francés. En las proximidades de los canteros del gran castillo, el jardín de Hebe constituye un lugar encantador adornado por avenidas de flores y de árboles exóticos, completado por un decorado de estatuas. Un jardín inglés, creado unos treinta años antes por el duque de Bouillon, está salpicado de numerosas construcciones: un templo de Amor, un puente de piedra, una glorieta china y una cascada entre las rocas. El acentuado gusto de Josefina por la botánica y los jardines

*Emperatriz Josefina, óleo de Pierre Paul Prud'hon en 1805 (Museo Nacional del Louvre).*

convierte a Navarra en una morada incomparable. Como en Malmaison desarrolla allí el cultivo de plantas exóticas, y en 1813 hace publicar a su botánico Bonpland una *Descripción de las plantas raras cultivadas en Malmaison y en Navarra*, cuyas sesenta y cuatro láminas coloreadas reproducen las especies aclimatadas bajo el suelo normando. Basta con que Josefina se instale en Navarra para que se produzca una explosión de flores. Pero lo importante de momento es poner remedio a la incomodidad de este lugar.

Así pues, Josefina decide hacerlo reconstruir. El monto del presupuesto la aterroriza, y en el otoño de 1810, abandona la idea. Ordena simplemente reparar el castillo, postergando para más adelante la nueva construcción. Mientras tanto, Berthault mejora como puede la distribución de los aposentos. Josefina, por su parte, debe soportar durante algunos períodos los inconvenientes que le causan esas obras en Navarra, interrumpidos por largas ausencias. Finalmente, en el término de apenas dos meses, desde el 29 de marzo al 1 de mayo, realiza con presteza su instalación. Luego, por consejo de Napoleón, que desea verla pasar el invierno de 1810 en Navarra, se recluye allí durante la peor estación, del 22 de noviembre de 1810 al 1 de abril de 1811, cuando la bruma difumina el castillo en contornos imprecisos. Pero Josefina ama la comodidad y a fuerza de gastos caldea la morada, donde instala una pequeña Corte, brillante a medias, provinciana a medias.

Allí en Navarra Josefina es una extraña, alejada de todas las intrigas y comidillas de París. Su círculo, poco numeroso, se compone de siete u ocho damas y de uno o dos hombres a lo sumo cuando hay algún caballerizo. Aunque no son muy vivos los placeres, y la vida que lleva es la de una castellana, la permanencia en Navarra agrada mucho a Josefina. Se acostumbra y descansa de la ruidosa Malmaison, disfrutando de una ansiada tranquilidad. Al volver el verano, Navarra es decididamente un hermoso lugar. Hay que disponer lo más rápidamente posible algunos alojamientos complementarios para permitir a la familia y a algunos allegados, a quienes la relativa proximidad a París no desalienta, permanecer varios días en la propiedad. La felicidad de Josefina es completa cuando Eugenio y Hortensia la visitan, y que recrea en su castillo normando el círculo familiar de los Tascher, invitando a sus primos Tascher, Heri y Estefanía, y a los primos de su primer esposo, Estefanía de Baden y Madame de la Rochefoucauld. El senador Lafaurie de Monbadon, al que recibe cortésmente en su retiro, le cuenta los últimos rumores de las arengas políticas. A través de los relatos que le hace el conde de Ségur, le llegan los sones ahogados de las fiestas en las Tullerías. Tampoco ignora los pequeños parloteos del rey de Roma, gracias a su gobernanta, Madame de Montesquiou, que ha venido a descansar un poco junto a la Emperatriz repudiada. Sus amigas, la duquesa de Abrantes y Madame de Rémusat, siempre tienen alguna anécdota que contar. De pronto un feliz acontecimiento brinda tema de conversación al grupo: Augusta de Baviera, esposa de Eugenio, acaba de dar a luz un niño, el 9 de diciembre de 1810, y se aguarda impaciente la llegada a Navarra del conde de Caprara, caballerizo mayor del reino de Italia, encargado de contar en detalle el acontecimiento. Lejos de la vida mundana, los momentos que allí pasan son muy dulces y exentos de las limitaciones impuestas por la Corte. Sin embargo, a veces se observa cierta etiqueta que Madame d'Arberg está obligada a hacer respetar por orden del Emperador.

Napoleón se ha enterado de que Josefina ha permitido que el comandante de su guardia y sus chambelanes la acompañen en su paseo vestidos con trajes de burgueses. Escribe a Madame d'Arberg diciéndole que Josefina ha sido consagrada y, por lo tanto, tiene el deber de hacerse respetar. Lejos de las Tullerías, todo debe hacerse como si estuviese todavía allí. Para obedecer las reglas, se decide que los señores lleven traje verde con cuello y detalles de terciopelo negro adornado con un discreto bordado en oro, y las damas un vestido verde de cualquier tipo de tela.

Un protocolo poco estricto permite que cada uno ocupe a su antojo las distintas horas del día, siempre que se respeten las comidas. El almuerzo se sirve a las once. Los huéspedes bajan de sus habitaciones y se reúnen en el comedor donde Josefina, siempre muy puntual, preside la mesa. Frecuentemente se termina el almuerzo poco después del mediodía. Si el tiempo lo permite se almuerza en el parque, generalmente en la isla del Amor. Después se pasa al salón, donde Josefina se dedica a bordar tapices, y las damas trabajan en alguna labor manual, dibujan, cantan o juegan al ajedrez. A partir de las dos de la tarde comienza la lectura, tarea que suele llevar a cabo el chambelán de servicio. Lee en voz alta novelas, memorias, o bien las últimas novedades llegadas de París. Cuando no llueve, Josefina sale a caminar por el parque o bien pasea por el bosque de Evreux. A partir de las cuatro de la tarde cada uno recobra su libertad hasta la hora de cenar. Es entonces cuando se visitan, a menos que prefieran descansar en su habitación o escribir a sus parientes y amigos. No obstante se separan enseguida pues deben cuidar un poco de su arreglo personal antes de reunirse de nuevo a las seis.

La cena dura una hora, como el almuerzo, y a ella se invita generalmente a una personalidad de Evreux. Luego pasan al salón. La mayor parte de las veces Josefina juega al chaquete o al piquet e invariablemente elige como compañero al anciano obispo de Evreux, hombre amable, alegre y muy instruido, cuya conversación termina bien la velada. Los que prefieren acostarse temprano van a sus aposentos. Los jóvenes pasan a la habitación vecina a tocar música y a bailar. El ruido y las risas no molestan a Josefina, que aprecia esa franca alegría. Tras una ligera colación a las once de la noche, Josefina, que prefiere jugar hasta tarde, se queda con sus allegados. Hace solitarios y cuenta algunos episodios de su vida; luego se retira a medianoche. Cada uno sube entonces a su habitación donde se hacen mil locuras; surgen idilios que luego acaban en bodas celebradas en Malmaison.

A veces, Josefina recibe el homenaje de representantes de las poblaciones de los alrededores; algunas jóvenes conducidas por el cura o el alcalde de la comuna van entonces a ofrecerle ramos y canastas de flores. A menos que esté enferma, Josefina escucha misa todos los domingos en el salón, donde una ancha puerta de dos hojas de espejos se abre para descubrir un altar dedicado a San Carlos. Las obras de caridad o de beneficencia ocupan una parte importante de su tiempo.

Desde su primera permanencia en Navarra, las Damas de Caridad ponen su sociedad bajo la protección de Su Majestad y obtienen que Monseñor haga celebrar la fiesta de San José, patrono de la Emperatriz, en la catedral, con el rito solemne. La ceremonia se cierra con una distribución de panes a los pobres, de quienes Josefina se ocupa muy particularmente. Propicia el establecimiento de centros de mendicidad, a fin de evitar la vista insoportable de mendigos, pues sabiéndola buena y caritativa por naturaleza, ellos tratan de despertar su piedad. Durante las seis semanas de su primera permanencia, hace distribuir doce mil francos entre los indigentes por medio del obispo. Da una suma idéntica a la ciudad de Evreux para la construcción de una sala de espectáculos. Esta generosidad provoca sentimientos de gratitud en la población, tanto más porque ella recomienda a su gente comprar siempre a los vendedores de la ciudad. El comercio local se beneficia igualmente con las obras ejecutadas en el palacio, que ocupan a numerosos obreros. El prefecto escribe al ministro diciéndole que todo el mundo está encantado con tan grata persona.

Los hijos de Josefina están en París en abril de 1810 para asistir a la boda de María Luisa. Hortensia permanece algunos días con su madre en enero de 1811, y Eugenio, que va a la capital en marzo de 1811 para el nacimiento del rey de Roma, viaja varias veces a Navarra. Esas cortas apariciones hacen la felicidad de Josefina, a quien siempre entristece estar separada de sus hijos. La llegada de Eugenio causa a toda la gente de esa casa mayor alborozo que la de su hermana, generalmente menos alegre. Ésta suele permanecer en sus habitaciones rodeada de sus damas, que conservan en Navarra la rígida actitud de la Corte imperial. El carácter alegre de Eugenio lo designa naturalmente para organizar la jornada. Si el tiempo es bueno, todo el mundo se va a pescar a los numerosos cursos de agua del parque. El pescado, frito enseguida en las cocinas, es apreciado tanto como los platos más elaborados y delicados. La propia Josefina participa en esas distracciones. Los días de mal tiempo se dedican al juego o al teatro de salón. En la rotonda suelen representarse espectáculos de marionetas y títeres, otras veces se juega al billar. Las veladas se dedican generalmente a la música. Monsieur de Monaco acompaña al piano a las damas, que cantan canciones de Paisiello, Spontini o Paer. El propio Eugenio no tiene reparos en representar papeles cómicos, en los que destaca. Su buen humor y su entusiasmo rompen el ritmo de las actividades diarias, y siempre su partida es lamentada por el pequeño círculo que rodea a Josefina, tanto más cuanto sus visitas son muy breves. Spontini, siempre muy leal a Josefina, a la que en otros tiempos dedicara su ópera *La Vestal*, va a pasar algunos días a Navarra. Es una buena ocasión para ejecutar sus más célebres obras.

El menor acontecimiento sirve de pretexto para romper la monotonía de los días. Así, el 1 de enero de 1811, en vez de hacer regalos de Año Nuevo, la Emperatriz organiza una lotería. Para no perjudicar a nadie, ayuda al azar y distribuye obsequios proporcionados a la importancia de cada uno. Luego el 19 de marzo, día de San José, se celebra brillantemente la fiesta de Josefina. A las diez de la mañana, un grupo de niñas pertenecientes a las familias más distinguidas de Evreux acude a felicitarla en nombre de la ciudad. Por la tarde, aunque Josefina ha prohibido las demostraciones públicas, evidentemente para no herir la susceptibilidad de María Luisa, la ciudad y los pueblos vecinos se iluminan. En el castillo, sus allegados se disfrazan de campesinos y le cantan coplas.

El carnaval de 1811 se celebra en Evreux con brillantes fiestas. El 7 de febrero, el prefecto, ofrece una gran cena a la que convida a todo el castillo de Navarra. La Emperatriz concurre en un coche tirado por ocho caballos blancos. Es aclamada al entrar en los salones. En el último momento se remplaza el trono que se le había preparado por un simple sillón, más acorde, según piensan los organizadores, con su nueva condición de repudiada. En retribución, Josefina invita en Navarra, para el lunes de carnaval, a los notables de la ciudad y de sus aledaños. Unas cien personas acuden a la invitación. Bajo la rotonda se instalan dos mesas de cincuenta cubiertos. Después de la cena se juega a las cartas. Josefina se retira a la una, pero el baile continúa hasta las dos y media de la mañana.

No siempre las comidas tienen carácter oficial. El prefecto suele convidar a Josefina, y a veces hasta ocurre que ésta se haga invitar. Los informes realizados por Chambaudoin a los ministros de Interior y de Policía permiten no sólo conocer la vida de esta pequeña Corte de Navarra, sino mostrar al pobre hombre luchando con sus superiores. Le resulta difícil atenerse a una determinada línea de conducta. Debe, por cierto, rendir honores a Josefina, pero no tiene que molestar al gobierno con demostraciones demasiado ostensibles de respeto. Está encargado de vigilar lo más discretamente posible a las personas de la casa de la Emperatriz, pero si algún panfleto de la vida del palacio circula ocultamente, él se excusa de verse en la imposibilidad de conocerlo, pues sus servicios carecen de fondos para instaurar una policía secreta. Sus iniciativas suelen ser desautorizadas por sus jefes. ¿Desea publicar en el periódico un artículo anunciando la llegada de la Emperatriz? El ministro le escribe de inmediato para que cuide que el periódico del departamento no haga mención alguna de ese viaje. ¿Cree proceder bien destinando una guardia de honor para acompañar a Josefina? El ministro le responde que no vuelva a cometer semejante abuso. Las fiestas que ofrece la Emperatriz ocasionan gastos que le gustaría le fuesen reembolsados y reclama una indemnización, dejando al ministro el cuidado de fijar la cantidad. Pero sus reiteradas quejas quedan sin respuesta.

El prefecto señala sólo una excursión fuera de Evreux el 1 de mayo de 1810, ya que la Emperatriz sale poco de sus dominios y además suele hacerlo de incógnito. Parte sin escolta a las nueve de la mañana, se detiene dos horas más tarde a la entrada de Louviers, donde es recibida en la casa de Petou, propietario de una manufactura. Después de descansar allí, da un paseo por la ciudad, luego visita la manufactura de algodón de Monsieur Piéton de Prémalé, que ocupa a unos quinientos obreros. Es una de las primeras manufacturas donde la fuerza hidráulica acciona las máquinas. Josefina termina el día con la visita a las fábricas de paños de los señores Debbaut-Ternaux, inventores del *shal*, imitación del cachemir. Después de distribuir algunas gratificaciones al personal, parte luego hacia Navarra, adonde llega a las siete de la tarde. Se niega a recibir entonces a las autoridades locales prevenidas apresuradamente, pues esa escapada no tiene ningún carácter oficial. No desea preocupar a la Corte de las Tullerías. No obstante con tacto y discreción, Josefina hace saber a los habitantes del departamento que le interesan los establecimientos industriales y que mantiene su papel de Emperatriz coronada. Un mes más tarde, el Emperador, acompañado de María Luisa, visita la misma manufactura de Debbaut-Terenaux, pero de manera oficial.

El 20 de marzo de 1811 nace el rey de Roma. Napoleón envía al director de Correos, el conde de la Valette, a dar la noticia a su ex esposa. Llega al palacio a medianoche; le hacen pasar ante Josefina, que está conversando con el embajador de las Dos Sicilias. Después de notar una ligera contracción de tristeza en su rostro, la Valette observa que recobra enseguida su aspecto habitual. Inmediatamente escribe al Emperador para felicitarlo. Eugenio, enviado especial de Nápoles a Navarra, aporta a su madre detalles del alumbramiento. Se dedica por entero a la alegría del acontecimiento y para demostrar que comparte el júbilo general, Josefina decide ofrecer algunos días más tarde un baile en honor del rey de Roma. Será la fiesta más brillante que organizará en Navarra. Pretende resucitar esa noche un pasado abolido: hacer una tertulia como las de poco tiempo atrás en las Tullerías y recibir el homenaje de una población entera que la reverencia. Como los salones no son suficientemente grandes, los obreros colocan un piso de madera sobre el de la inmensa sala de los guardias. Cada uno despliega su actividad en los apartamentos, adornándolos con flores, preparando aperitivos, colocando colgaduras.

A la hora indicada, los invitados de Evreux concurren al palacio vestidos de gala. Por fin, cuando todos han llegado, Josefina aparece ante sus huéspedes con vestido de cola laminado en plata y una soberbia diadema en la cabeza, seguida por las personas de la casa. Da la vuelta al salón como en la Corte, dice una palabra amable a cada uno, se sienta e imparte la señal de comenzar el baile. La Emperatriz preside una mesa de treinta cubiertos a la que están convidadas las principales damas de la ciudad. Todos se retiran a las cuatro de la mañana, llevando consigo el recuerdo de una brillante fiesta, la última gran recepción que ve Navarra. A pesar de su resignación, Josefina debe haber recordado su pasado. Una extranjera ha tomado su lugar junto a su esposo y le ha dado un heredero.

A Josefina le resulta mucho más fácil, en lugar de frecuentar a la esposa legítima del Emperador y a su heredero, invitar a Malmaison a la amante de Napoleón y su hijo. La dulce María Walewska no ve en ello ninguna malicia, y Josefina, poco rencorosa, siente cierto placer al rodearse de antiguas amantes de Napoleón, como la bella Carlotta Gazzani, que ha conservado sus funciones de lectora. La condesa Walewska se convierte así en una asidua concurrente del salón de Malmaison. Josefina la cubre de presentes y compra suntuosos regalos para el pequeño Alejandro. Impresionada por el parecido del niño con el Emperador, Josefina no cesa de prodigarle caricias. En la madre, aprecia la bondad y la ausencia de ambición que la tornan mucho más atrayente que a todas las demás amantes de Napoleón.

Con un tiempo magnífico, acompañado del mariscal Duroc, el mariscal Portier, el general Durosnel y tres personas de servicio, Bonaparte llega al castillo sin avisar; son las once y veinte de la mañana. Josefina apenas si dispone de tiempo para recibirle en la desembocadura del pequeño puente que da al vestíbulo del castillo. Los ex esposos se abrazan tiernamente y caminan por el jardín, sin tratar de ocultarse a la vista de su séquito. Es casi seguro que la conversación discurrió en torno a la inminenete partida del Emperador a la campaña de Rusia. De vuelta a casa, Josefina contenta con la visita del Emperador, ignora que lo ha visto por última vez.

Napoleón no volverá más a Malmaison porque María Luisa, enterada de su visita, se lo ha reprochado. De ahora en adelante, los ex-esposos sólo se escriben de manera esporádica. Sus destinos estarán sellados hasta la última carta de Napoleón a Josefina, escrita desde Fontainebleau el 16 de abril de 1814.

# XVI. FUNESTOS PRESAGIOS: LA CAMPAÑA DE RUSIA

Alucinado por su sueño oriental, Napoleón prosigue su destino. Su mirada se extiende por la larga ruta que conduce a las riberas del Ganges. El Emperador piensa en las fronteras de la India y en otro héroe, Alejandro de Macedonia. Pretende apoderarse de las posesiones británicas en Asia para apuñalar a la soberbia Albión por la espalda. En 1812 Napoleón entra en guerra con Rusia. De ahora en adelante la buena suerte rehuye al Emperador. Los más lúcidos de sus consejeros le han puesto en guardia, pero han sido impotentes para modificar el curso de los acontecimientos. La inminente catástrofe, es proporcional a la irracionalidad del sueño. En junio, Napoleón se lanza a la campaña de Rusia con un buen humor que sorprende a la mayoría de sus íntimos. Los estados vasallos del Imperio más sometidos que fieles, se ponen de su lado. Napoleón lleva a las llanuras rusas un extraordinario ejército de seiscientos setenta y cinco mil hombres, donde polacos, prusianos, austríacos, combatirán al lado de italianos, suizos, belgas y holandeses. Aun a su pesar, Europa se levanta en armas para apoyar la implacable lógica del sistema napoleónico.

Sin embargo, el capitán Leclerc ha advertido al Emperador que sólo el ruso puede hacer la guerra en Rusia. Muchas voces se han levantado para condenar la empresa y predecirle un funesto destino. Josefina se estremece con extraño presentimiento. Sabe lo que significaría una debacle de los ejércitos imperiales. Si los estados vasallos rompieran las cadenas que los mantiene en una humillante dependencia, no tardarían en volverse contra el Emperador y se unirían a los ingleses y a los rusos.

En Francia, los grandes dignatarios del Imperio, cuya única fidelidad es hacia sí mismos, ya están preparando el futuro. La fusión de las aristocracias, deseada por Bonaparte, ahora se yergue contra él, y el menor revés militar podría hacer que parte de la opinión pública, cansada de la guerra, le abandonara. Habituada desde hace tiempo a saber lo que valen las fidelidades de la Corte, Josefina ve claro a su alrededor: algunas personas que todavía la víspera se esmeraban en dar pruebas de devoción se muestran ya dispuestas a volverse del lado que sopla el viento. Cómo no habría de pensar en una similitud entre su Corte y la del Emperador; y si la asustaban las indecisiones que observaba en sus allegados, ¡cuánto más inquietantes y sobre todo peligrosas debían de ser las de las Tullerías! Josefina tenía el triste privilegio de prever las desgracias con mucha anticipación. Y cuando sólo la buena suerte había abandonado a Napoleón, ya Josefina sabía que los hombres le abandonarían a su vez. A partir de 1810, Josefina ocultó su inquietud natural con una ligera sonrisa tras las primeras derrotas. Desde entonces, una profunda angustia se lee en su rostro. Su afecto por Napoleón, su interés por todo lo que le atañe de cerca, la preocupación por su propia situación, reavivan su aguda percepción por la precariedad de las cosas.

Aunque nada pueda perturbar sus costumbres o cambiar su género de vida, una suerte de incertidumbre moral trastoca ahora la regularidad de su existencia. Su felicidad siempre frágil, desaparece bajo una fingida tranquilidad, una engañosa seguridad para ocultar temores que ya nada puede disipar El invierno de 1812 se envuelve en un manto de oscura tristeza que se suma a la desolación de Josefina.

Por primera vez en quince años la buena suerte abandona a Napoleón. La campaña de Rusia se convierte en un desastre. Los terribles detalles que Eugenio transmite a su madre sobre las condiciones de la retirada afectan dolorosamente a Josefina. Hortensia, que ya no se atreve a dejarla sola, pasa el invierno con ella. Su decaimiento afecta a su salud y padece violentas jaquecas. Cuando alguien pronuncia ante ella el nombre del Emperador, palidece de emoción, su rostro se contrae tembloroso, sus ojos se llenan de lágrimas que apenas logra contener y vuelven los oscuros presagios. Los presentimientos estaban a la altura del desastre: la campaña de Rusia supone el principio del fin.

El 28 de febrero de 1813, Federico Guillermo de Prusia abandona al Emperador y firma una alianza con Alejandro I para liberar a su país del yugo napoleónico; el 27 de junio, Austria se une a su vez a la coalición anglo-rusa. Los desastres se suceden sin interrupción. La campaña de Alemania de 1813 culmina con un resonante fracaso. Se pierden irremediablemente todas las posesiones al otro lado del Rin.

Josefina está aterrorizada pues no puede separar su causa de la del Emperador.

El 15 de junio de 1813 recibe de Aix-les-Bains, en Saboya, la noticia del terrible accidente acaecido a Adèle de Broc, sobrina de Madame Campan, que se ahogó al caer en la cascada de Grésy ante la mirada de Hortensia. Está tan preocupada por la salud de su hija tras esa nueva prueba, que al momento le envía a su chambelán. La tristeza de Josefina es extrema, aunque la presencia de los hijos de Hortensia, Luis Napoleón y Napoleón Luis, durante el verano de 1813, la distrae gratamente. Con los hermosos y soleados días de agosto olvida por un tiempo sus pesares. Agradece a Hortensia el haberle confiado el cuidado de los dos pequeños príncipes.

La desesperación de Josefina llega al máximo cuando se entera de los últimos reveses de la campaña de Alemania con que termina ese año, que ha comenzado bajo funestos presagios lamentablemente fundados. Ese final del año 1813 adquiere un aspecto lúgubre, pues Napoleón acumula derrota tras derrota. Josefina pasa los días en un estado de semipostración, al tiempo que, con terrible ansiedad, interroga a los visitantes que vienen de París. En su soledad la Emperatriz se siente desamparada. Necesita estar rodeada de amigos, pero también ser aconsejada. Antes, Napoleón le daba seguridad y Josefina tenía la sensación de que velaba por ella y la protegía. Pero por la fuerza de los acontecimientos, el divorcio, pronunciado meramente por razones políticas y no conyugales, distendió el entendimiento cómplice que los unía.

El Emperador suele ir a Malmaison a escondidas de María Luisa, y habla a Josefina siempre de su hijo con extremado entusiasmo; está realmente loco por él. Como Josefina manifiesta un vivo deseo de ver al rey de Roma, un día Napoleón ordena a Madame de Montesquiou que conduzca a su hijo a Bagatelle para presentarlo ante Josefina, quien lo acarició y lo encontró encantador. Pero, al sacrificar su lugar para permitir al Emperador tener un heredero directo, aunque conservaba su posición, Josefina perdía lo más valioso, la atención de Napoleón.

Desde el divorcio, Eugenio y Hortensia reemplazan al Emperador junto a su madre. Por consejo de su hija, Josefina escribe a Napoleón pidiéndole que detenga, si todavía hay tiempo, la desastrosa campaña de Alemania. En efecto, Hortensia está convencida de que la salvación del Imperio está en manos de los Beauharnais. Por lo tanto, hay que hacer salir a Josefina de la prudente reserva en que se encierra desde 1810. Por lo demás, la iniciativa de la reina de Holanda parece responder a una gestión del príncipe Schwarzemberg, embajador de Austria en París, quien acudió a su casa una noche del invierno de 1812, acompañado del conde de Bubna, enviado extraordinario de la Corte de Viena. Hortensia los recibió sin darse cuenta de lo inusitada que era la visita. Pasado un rato, le plantearon la posibilidad de su mediación ante el Emperador, con el fin de lograr la paz. Ella les respondió, que el Emperador sólo obedece a la voluntad general, que él hace suya, y que su edad y condición de hija obediente le impiden expresar su opinión. Pues bien, continuaron sus interlocutores, que sea el príncipe Eugenio quien hable con él. Hortensia prometió transmitir a su hermano la propuesta de los diplomáticos austríacos. En Viena no se ignora la amistad que une a la reina de Holanda con la emperatriz María Luisa y se espera, con su intervención, convencer al Emperador para que hable con sus adversarios, dispuestos a negociar bajo ciertas condiciones.

Eugenio fracasa en su mediación y, en el otoño de 1813, Hortensia pide a Josefina que intervenga a su vez ante Napoleón. Josefina, entonces, rompe su silencio político y escribe al Emperador al día siguiente de la caída de Leipzig, el 19 de octubre de 1813, cuando ya ha comenzado en Alemania la retirada del Gran Ejército, diezmado por los combates y el tifus. En una carta, mezcla de espontaneidad y cálculo, Josefina, escribe a Napoleón rogándole su vuelta a Francia. El 9 de noviembre de 1813, por segunda vez en menos de un año, el Emperador vuelve a París agotado, vencido. Envía a su secretario, el barón Fain, a dar noticias a Josefina; ésta le interroga con la solicitud de una madre o de la más tierna esposa, acerca de los rumores que corrían de que el Emperador había vuelto de su última campaña completamente desalentado. El secretario le respondió que efectivamente, los primeros días fueron muy duros. Y al tiempo que continuaba con el resto de la narración, Josefina no podía contener las lágrimas. Nunca fue tan grande la fe de Josefina en Napoleón, pues, advertida por la intuición de Hortensia, comprendió que disponía de los medios suficientes para salvar al Emperador. Hortensia ve el Imperio como un gran roble enfermo que convendría podar. Si Josefina logra convencer a Napoleón de renunciar a su sistema continental y regresar a las fronteras naturales de Francia, podría evitarse la catástrofe. El programa le parece tanto más razonable por cuanto algunos diplomáticos austríacos, pródigos en confidencias interesadas, le han sugerido que Viena aceptaría esa solución.

Josefina no ha ahorrado esfuerzos para facilitar la boda del Emperador con la archiduquesa María Luisa. Hasta habría deseado acompañar y aconsejar a la nueva Emperatriz, pero las reticencias de ésta la obligan a contenerse. Lejos de confesarse vencida, Josefina introduce a su hija junto a María Luisa, que le brinda su amistad. Es cerrar en cierta forma a los Bonaparte el acceso a la Emperatriz reinante. La maniobra es hábil, pues refuerza la influencia de Josefina. Mientras tanto, ésta sigue con atención la agonía del reino de Italia, que su hijo trata desesperadamente de demorar. Se preocupa de la suerte de Eugenio. A la invasión austríaca se suma, al sur de la península, la traición de Murat, quien, para conservar el trono de Nápoles se ha vuelto contra Napoleón. Los austríacos, a los que acaba de unirse el rey de Baviera, franquean los Alpes aprovechando la sublevación del Tirol, por lo que la virreina Augusta prepara apresuradamente su equipaje en previsión de una súbita partida de Milán.

Para quien ve claro, los Estados vasallos, esos reinos y principados cortados a medida para los hermanos y hermanas de Napoleón, están condenados a desaparecer en breve plazo. Al instalarse de buen grado o por la fuerza en tronos extranjeros, los Bonaparte han perdido definitivamente la consideración de los aliados. Sólo en el virreinato de Italia se ha salvado Eugenio, pues el príncipe desempeña más bien el papel de un administrador ilustrado que de un monarca impuesto. En cuanto a Hortensia, rápidamente separada de Luis, que por lo demás abdicó muy pronto a la Corona holandesa, mantiene una favorable popularidad. Así, en momentos en que los ciclones devastan los reinos de los Bonaparte, vientos suaves impulsan en buena dirección el navío de los Beauharnais.

A finales de diciembre, Josefina imparte una orden a su personal para que las felicitaciones tradicionales de Año Nuevo sean lo más breves posibles, pues los sentimientos no están para fiestas. El 31 de diciembre Josefina vela hasta tarde. Aguarda la última campanada de medianoche, que suena como un toque de difuntos. Josefina cierra los ojos y ruega protección para los suyos y para el Emperador. Piensa en los desastres de los últimos meses: ve las llamas que abrasan los palacios de Moscú, oye el estrépito de los reinos que se derrumban. Los ejércitos enemigos ya han cruzado el Rin: ¿Cuántas pruebas deberá soportar todavía Josefina?

Josefina empieza el año 1814 presa de crueles y obsesivos interrogantes. El destino se quiebra como una brizna de hierba. Mademoiselle Avrillion escribe: *Tengo que decir, como lo pienso, en voz alta y sinceramente, que las desgracias de Napoleón tuvieron mucho que ver en la muerte prematura de Josefina y fueron quizá su causa principal.* Mademoiselle Avrillion, testigo impotente del espectáculo cotidiano de sus insomnios, de sus sueños pavorosos, de esas horas de abatimiento y tristeza que la consumen, ve a Josefina caer en el abismo profundo de las angustias mortales. Josefina comprende que ya es demasiado tarde para dar marcha atrás. Por primera vez en diez años la guerra se aparta de las lejanas fronteras del Imperio tentacular y recae sobre Francia. Con sus ochenta mil soldados, Napoleón se lanza al encuentro de los doscientos cincuenta mil que le oponen los aliados en coalición contra él. Sólo resta a la Emperatriz arreglar sus propios asuntos y aguardar el desenlace de una tragedia que se viene representando desde hace demasiado tiempo.

En Italia, mientras las tropas napolitanas suben hacia el norte, los franceses se retiran hacia el Tagliamento, luego hacia el Piave. Napoleón que concentra sus tropas, ordena a Eugenio que vaya hacia los Alpes y se repliege hacia Chambéry, Lyon y Grenoble. A petición del Emperador, Josefina pone en guardia a su hijo. Napoleón quiere que Eugenio vaya hacia los Alpes, dejando en Mantua y en las plazas fuertes italianas solamente las tropas del reino de Italia. El Virrey se queja a su madre, molesto porque una orden de Napoleón tuviese que pasar por ella. Josefina, en carta al Emperador le expone, que su hijo necesita para ser feliz pensar que el Emperador está persuadido de su devoción y lealtad, y que el profundo cariño hacia su persona es un bien que sus hijos comparten con ella. Josefina está feliz de que Eugenio se labre una buena reputación de lealtad en momentos en que Murat traiciona a Napoleón desvergonzadamente.

Josefina se muestra aliviada cuando se entera de que las tropas comandadas por Eugenio se retiran ordenadamente. No obstante, en febrero de 1814 se asombra de que el Virrey no haya regresado aún a Francia, cuando Italia está definitivamente perdida para el Emperador. Lo que ocurre es que Napoleón ha enviado a la conferencia de paz de Châtillon a Caulaincourt para discutir las condiciones del armisticio. El delegado, en nombre del Emperador, propone la abdicación de Napoleón de la corona de Italia en favor del príncipe Eugenio. Metternich rechaza esa proposición; señala que los aliados reclaman

Italia como derecho de conquista y que ninguna potencia ha reconocido jamás al Virrey como heredero de un trono que todos le niegan. Eugenio, al que se mantiene apartado de estas conversaciones, no deja de informar a su madre. Las cartas de su hijo hacen mucho bien a Josefina, pues su mayor felicidad es saberse amada por su querido hijo. En su respuesta, del 24 de marzo, Josefina hace alusión, entre otras cosas, a su delicado estado de salud:

*Desde hace quince días he estado padeciendo un fuerte catarro humoral. Me he purgado ayer, pero aún no estoy bien. Me atormenta la situación en que te encuentras, en que nos encontramos todos. Sin embargo, desde ayer se habla en París de un correo inglés procedente de Londres que ha estado diciendo por todo el camino que traía la firma de Inglaterra para la paz. Dios quiera que esa noticia sea verdad. Nunca Francia lo ha necesitado tanto. Yo también lo necesito para mi corazón, pues no puedo pensar sin la mayor inquietud en la cantidad de enemigos que tienes aún que combatir. ¡Más de cien mil hombres contra ti, cuando tú no posees ni siquiera la mitad! ¡Qué situación, y cuán culpable es el rey de Nápoles! Si no se firma la paz, me parece muy difícil que pueda salvarse Italia. Lo que pido al cielo es conservar la vida de mi Eugenio; si él vive podré soportarlo todo. Tú eres toda mi ambición; tendré suficiente gloria con la que tú has conquistado.*

El 17 de abril de 1814, Eugenio capitula.

La fortuna ha dejado de acompañar a Napoleón. Los pocos combates que gana son de poca importancia, pero bastan para devolver un poco de esperanza a Josefina. Los boletines de la campaña de Francia, recogidos por Hortensia, que los recibe de María Luisa, llegan fragmentados a Malmaison. Cuando traen malas noticias al castillo todos querrían poder ocultárselo a Josefina, pero ésta exige leerlos.

A mediados de marzo, la Guardia Nacional y los cuerpos de ejército de los mariscales Portier y Marmont reciben de parte de Napoleón el encargo de defender la capital, mientras decide dirigirse a Saint-Dizier a fin de cortar las líneas de abastecimiento de los enemigos. Los aliados interceptan el correo dirigido al Emperador y deciden acelerar su marcha hacia París. El 28 de marzo, José Bonaparte, lugarteniente general del Imperio, aconseja a María Luisa, que ejerce la regencia, que se repliegue a Blois con el rey de Roma. Alerta desde hace varios días, en medio de la agitación general y la incertidumbre en que vive, Josefina ha tomado ya sus disposiciones. Así, cuando el 28 de marzo Hortensia, que ha recibido la orden de seguir a María Luisa, ruega a su madre que abandone Malmaison para refugiarse en Normandía, su equipaje ya está listo. En efecto, un consejo de familia, al que asistieron todos los grandes dignatarios del Imperio, decidió que Josefina permanecería en Malmaison mientras María Luisa no abandonara París, y que sólo entonces se marcharía a Navarra. Durante la noche el personal de Malmaison se afana embalando los últimos efectos y los coches se encuentran dispuestos a la hora de la partida. Antes de marcharse, Josefina tiene apenas el tiempo necesario para escribir a su hija deseándole buena suerte.

El viaje triste y penoso, le aporta sin embargo el consuelo de saberse amada todavía; en la mayoría de las poblaciones que atraviesa, las gentes se afligen al contemplarla alejándose de la capital con su pesado equipaje. En su huida, Josefina lleva consigo sus tesoros, sus caballos y carruajes, cargados con cofres llenos de sus objetos más valiosos. En el dobladillo de la falda Josefina ha cosido sus joyas, sus diamantes y sus perlas. Llega a Navarra en dos días. Pero ni un solo instante desde que abandonaron Malmaison, Josefina ha demostrado el menor signo de desaliento. Por el contrario, conserva la calma y se prepara para soportar pruebas más dolorosas aún. Sin embargo, reconoce que su desdicha es inmensa y que el coraje no basta para soportar la ausencia de sus hijos y la incertidumbre de su suerte. Cuando Josefina llega a Navarra el 30 de marzo, sin escolta, pues no ha podido hacerse acompañar de los soldados de Malmaison, la guardia nacional de Evreux la espera en el castillo para ofrecerle un destacamento que ella rehúsa.

Sus temores son otros. En efecto, esa noche París capitula. Josefina oye decir que el puente de Neuilly está ocupado por los enemigos. Piensa en lo cerca que está de Malmaison, y suspira al pensar en todas las cosas que ha tenido que abandonar: jarrones, muebles, cuadros, estatuas, objetos de arte, etc. Todo expuesto al pillaje de las tropas. Además, tampoco tiene noticias de Napoleón ni de Hortensia, de modo que no logra conciliar el sueño y, a pesar de la fatiga del viaje, pasa gran parte de la primera noche conversando con Mademoiselle Avrillion sobre la suerte de sus hijos. Hortensia, para sustraer a sus dos hijos de la autoridad de su padre, Luis Bonaparte, ha acudido presurosa a Navarra. El 1 de abril la Reina se ha encontrado con su madre. Un ayuda de cámara, que ha logrado escapar de París, llega a dar cuenta de la entrada de los aliados y de la posibilidad de un retorno de los Borbones. Josefina y Hortensia esperaban algo peor. En comparación con las desgracias que esperaban, las noticias traídas de la capital calman su ansiedad. Josefina sabe lo que valen las fidelidades, por eso no se asombra cuando se entera de que las damas de palacio y sus chambelanes se apresuran a correr al encuentro de Luis XVIII o a cortejar a los príncipes extranjeros.

Josefina inquieta por Malmaison, se tranquiliza pensando en el celo y la lealtad de Bonpland, su mayordomo. Hasta consigue, gracias a la intervención de La Valette, una salvaguardia y el establecimiento en el castillo de un puesto ruso para proteger del pillaje su bello dominio. Pero sus pensamientos están en otra parte. Josefina aguarda con la mayor ansiedad noticias del Emperador, que no pudiendo entrar en París ha regresado a Fontainebleau. El 3 de abril de 1814, el Senado depone a Napoleón, dos días después de formar, por sugerencia de Talleyrand, un gobierno provisional, del que forma parte, entre otros, su amigo Beurnonville.

En la noche del 2 al 3 de abril, llega a Navarra el barón de Maussion, enviado por el duque de Bassano, para relatar en detalle a Josefina los últimos acontecimientos. Cuenta la traición de Marmont, la ocupación de París, la difícil posición del Emperador, que aguarda a que los aliados decidan su suerte. La forma ultrajante en que los diarios tratan a Napoleón indigna a Josefina. Está de acuerdo en que pueda acusársele de muchos males, como haber amado demasiado la gloria o satisfecho demasiado sus ambiciones, pero no soporta que se le calumnie acerca de cosas que ella conoce mejor que nadie. Lo que hace sufrir a Josefina no es tanto la bajeza de los ataques al Emperador, que puede llegar a comprender, como ver a los que le sirvieron y que le deben gran parte de su posición ensañarse con él en el infortunio con el mismo ardor con que lo ensalzaban en la prosperidad. Profundamente afectada por los últimos acontecimientos, Josefina confiesa a una de sus antiguas relaciones, la condesa Caffarelli, esposa del ministro de Guerra de Eugenio, que la ingratitud de los franceses le destroza el corazón.

Tal vez, el zar Alejandro hubiera aceptado las propuestas de Napoleón si hubiese tenido la seguridad de un cese inmediato de las hostilidades pero, ante la duda, vacila y rehúsa cualquier compromiso. El zar exige una abdicación sin condiciones, a cambio de ella, garantiza a su adversario vencido la soberanía de la isla de Elba. Con el rostro pálido, el cabello en desorden, la ropa descuidada, el 7 de abril Napoleón entrega a Caulaincourt, que ha vuelto de París durante la noche, una segunda acta de abdicación en la que renuncia para él y para sus herederos a las Coronas de Francia y de Italia. La epopeya ha terminado. Hasta el final, Josefina creyó en Bonaparte, aun cuando a veces Napoleón la desconcertara. Con la caída del Emperador terminan casi veinte años de indefectible complicidad entre ambos. Elevada con él y por él a las supremas grandezas, Josefina se queda ahora sola en esas alturas que la han desencantado mucho más de lo que la satisficieron. *Mientras duró la terrible crisis política por la que pasábamos, la salud del Emperador, la de sus hijos, en fin, la continua alarma en que vivía, quemaban la sangre de la pobre Emperatriz*, consigna Mademoiselle Avrillion. En Navarra, se entera de que acaba de decidirse el destino de Napoleón y de la familia imperial. Josefina, que a diferencia de sus cuñados y cuñadas nunca pudo capitalizarse, se encuentra en una situación económica sumamente precaria.

En efecto, su pensión fijada en 1810 en dos millones por año, a la que Napoleón añadía un millón complementario tomado del Tesoro de la Corona, constituye su única fuente de recursos. Si al Senado se le ocurriera suprimírsela, Josefina perdería lo esencial de sus ingresos. Muchas veces Napoleón la puso en guardia contra una imprevisión que podía pagar muy cara en el futuro. Felizmente para ella, Talleyrand parece animado por buenas intenciones. No es que el ministro traidor sienta que le deba algo, sino que considera una hábil política cuidar de los intereses de Josefina. Caulaincourt que negoció las condiciones de la dimisión del Emperador, acepta encargarse de los intereses de Josefina. Todo está por hacerse. Josefina no ha iniciado ninguna gestión ni formulado ninguna petición, pues teme que se interprete como un acto de traición al Emperador. Pero lo que más preocupa a Josefina es la suerte de sus hijos. No tiene noticias de Eugenio, aunque Augusta, su mujer, y sus hijos están con ella. También le rompe el corazón la situación en que se encuentra el Emperador; ha olvidado todo lo que la ha herido y sólo ve su desdicha.

Llegan buenas noticias a Navarra. Josefina se entera de que los aliados se disponen a tratar la suerte de los Beauharnais separadamente de la de los Bonaparte. Hasta parecía, observa entonces la reina Hortensia, por los buenos sentimientos de los aliados hacia Josefina y sus hijos, que se interesaban más por su futuro que por el de los

Borbones, a los que sin embargo restablecerán en el trono. El mismo día, en Fontainebleau, los ministros de las potencias vencedoras, los mariscales y los ministros del gobierno provisional firman el tratado que hace inevitable el derrocamiento de Napoleón, pero que asegura a los suyos las condiciones de una posición honorable. De los dos millones y medio de francos de ingresos que se garantiza a la familia imperial, la sola pensión anual de Josefina absorbe ya un millón, al que hay que sumar los cuatrocientos mil francos que corresponden a Hortensia. La reina se entera más tarde de que, cuando fue cuestión de su suerte, Talleyrand apoyó los arreglos hechos en su favor. Las determinaciones tomadas en 1814 concuerdan con los intereses de los Beauharnais, y puede decirse que marcan la apoteosis de Josefina; su fragilidad le sirvió de escudo. Con su aire de no mezclarse en nada, pero en realidad interesándose en todo, de no conceder importancia a la política pero sin cesar de maniobrar, la Emperatriz sale engrandecida de la aventura napoleónica. Nadie se atrevía a declararse abiertamente su enemigo. Madame de Chastenay subraya, que Josefina une a la gracia, a la bondad, al equilibrio, al gusto por las artes y por el talento, un conocimiento profundo del Antiguo Régimen, de todos los hombres, de todos los hechos de la Revolución y del Imperio. El duque de Berry, sobrino de Luis XVIII, que desembarca en Chesburgo el 11 de abril, envía a Navarra al conde de Mesnard para ofrecer a Josefina una guardia de honor y asegurarle que estará encantado de hacer todo lo que pueda por complacerla, pues siente por ella tanto respeto como admiración. Pero el gentilhombre no ha llegado aún a Evreux cuando se entera de que Josefina se ha marchado a Malmaison. La misión del duque de Barry ante Josefina no es inocente. Luis XVIII sabe que forma parte del equipaje de los aliados y tiene conciencia de la precariedad de su situación. El pretendiente vuelve sin que nadie lo desee de verdad, y su margen de maniobra, que es estrecho, le obliga a ser atento con algunos dignatarios del Imperio que favorecieron su regreso.

Luis XVIII, cuya popularidad es casi inexistente, debe cosechar en su proyecto lo mejor de la herencia napoleónica para conquistar una legitimidad diferente a la del derecho dinástico, que le cuestionan los partidarios del orden revolucionario. La Emperatriz proporciona al pretendiente una legitimidad de la que carece. En efecto, esa mujer incomparable, según la expresión de Madame de Chastenay, se impone como un inevitable enlace entre las dos Francias que se enfrentan. Situada en el centro del sistema de fusión social de Napoleón,

Josefina encuentra una función análoga, pero en circunstancias inversas, con la primera Restauración. Un verdadero consenso existe alrededor de su persona. Los aliados, que consideran la solución Luis XVIII como un mal menor, descubren en ella un interlocutor infinitamente más grácil y más estimado que el príncipe gotoso. El Rey, por su parte, entiende que ella no ha renegado de la causa y que no puede cometer la imprudencia de despreciarla.

Se ha abatido a Napoleón, pero se protege a quien pasa por ser su buena estrella. Josefina salva al mismo tiempo su posición social y su situación económica. En abril de 1814, Josefina es un valor seguro que todos los partidos se disputan; cada uno reivindica su confianza. La lectora de Hortensia, Mademoiselle Cochelet, enviada a París para sondear el estado de ánimo de los soberanos aliados, encuentra la mejor de las acogidas entre los allegados al zar. A Alejandro le interesa mostrarse generoso con los Beauharnais, a fin de aislar un poco más a los Bonaparte.

El 17 de abril de 1814, en las primeras horas de la tarde, el zar Alejandro que se ha hecho anunciar la víspera, se presenta en Malmaison. Hortensia que vuelve de Rambouillet, donde se ha despedido de la emperatriz María Luisa, se asombra al ver el patio del castillo lleno de cosacos. Encuentra a su madre y al zar cerca del invernadero. Josefina, feliz y sorprendida de la llegada de su hija y sus nietos, los presenta a Alejandro. El zar muestra una extremada cortesía y delicadeza con Josefina. Cuando surge en la conversación el tema de la ocupación de París o la situación de Napoleón, nunca olvida que se está dirigiendo a la mujer de su enemigo vencido. Por su parte, Josefina no le oculta el profundo afecto que sigue sintiendo por el depuesto Emperador. Pero Alejandro parece buscar más bien la compañía de Hortensia; se muestra afectuoso con los pequeños príncipes Luis Napoleón y Napoleón Luis y se ofrece a ser su encargado de negocios. No obstante Hortensia, tan amable habitualmente, se atrinchera en una fría y digna reserva, la única actitud conveniente, a su entender, en presencia del vencedor de Napoleón. El zar promete volver, pero Hortensia le ha desairado. Su actitud ha chocado aún más a Josefina. Ante los reproches de su madre, Hortensia observa que habría estado fuera de lugar demostrando complacencia ante un hombre que se decía enemigo personal del Emperador. Con el tiempo, se hacen más frecuentes las relaciones de Alejandro con Josefina y Hortensia. El zar las visita continuamente como amigo.

El 14 de mayo, Hortensia le invita a su casa de Saint-Leu. Él prefiere pasar el día en compañía de Josefina y de su hija a asistir al servicio solemne celebrado en memoria de Luis XVI y de María Antonieta. Después del almuerzo, pasean en calesa por el parque, con un tiempo frío y húmedo. Al regresar, Josefina se encuentra muy indispuesta y se hace preparar agua de tila con una ligera infusión de flores de azahar. Al parecer, Josefina se ha resfriado.

A la hora de la cena hace un gran esfuerzo para bajar al salón, pero no quiere comer nada y vuelve a subir a su habitación. Los días siguientes se muestra poco en público. Se siente oprimida, se queja de un catarro. Experimenta una especie de debilidad, de abatimiento, aunque no padece vivos dolores. No logra vencer una espantosa tristeza que la embarga, y que intenta ocultar a sus hijos. El Emperador de Rusia se muestra lleno de miramientos hacia Josefina y Hortensia, pero, en realidad, no son más que palabras, y no hay decidido nada concreto respecto a lo que se piensa hacer con sus hijos y nietos. Josefina teme que, cuando Alejandro se vaya, no se haga nada de lo prometido y sus hijos serán desdichados; se los imagina errantes y sin fortuna. Esa idea se le hace insoportable y se une al sufrimiento que le causa la suerte del Emperador.

Desde que aparecieron los primeros síntomas de enfermedad, Mademoiselle Avrillion acecha todos sus movimientos, tratando de descubrir la causa de sus constantes indisposiciones. A menudo ante sus íntimos, Josefina se interroga sobre su estado de salud que se deteriora progresivamente. No sabe lo que tiene, pero en los accesos de tristeza se cree morir. Los médicos prescriben infusiones que no producen el menor efecto. Pero todos comprenden que padece un mal profundo, una desilusión, un cansancio que dan amargura a su vida.

El 21 de mayo, Hortensia lleva a Alejandro a visitar la máquina hidráulica de Marly. Él repite en todas partes que la reina es encantadora, plena de inteligencia, de amabilidad. Ella acepta distante ese concierto de alabanzas y sonríe cuando le cuentan expresiones tan halagadoras. Lejos de dejarse llevar por un éxito del que podría sacar partido, Hortensia acrecienta su reserva y moderación.

Mientras, Josefina, pese a sus frecuentes naúseas, se prepara para recibir a sus huéspedes. Encanta a los príncipes extranjeros que llegan a Malmaison. Al deseo que ellos muestran por agradarle se mezcla una especie de respeto por la dignidad de su actitud. Josefina no pronuncia nunca una palabra fuera de lugar y esos soberanos, hechos a los refinamientos de las Cortes reales, admiran en ella una naturalidad de comportamiento y unas maneras afables y distinguidas que no siempre encuentran en el pretendiente. El 23 de mayo, Josefina recibe al rey de Prusia y su familia, a pesar de haber pasado una noche muy agitada y que se ha despertado con el cuerpo cubierto de una erupción difusa. Horeau, su médico de cabecera, trató de impedirle que se levantara. Entonces, cuenta Horeau a Mademoiselle Avrillion, *por primera vez en mi vida escuché a la Emperatriz dirigirme palabras que sabía me podían resultar desagradables. A mis reiteradas instancias, a las observaciones que me dictaba la prudencia, Su Majestad respondió de esta manera: «Podríais daros cuenta, señor Horeau, de que no hay modo de que haga otra cosa».*

El 24 de mayo, se hacen anunciar Alejandro y sus hermanos menores, los grandes duques Nicolás y Miguel. Hortensia ayuda a su madre a hacerles los honores de la casa. Eugenio les acompaña a recorrer la galería de cuadros, a visitar el gran invernadero, les muestra las curiosidades del parque, el establo suizo, los cisnes negros y los canguros. Josefina rehúsa cuidarse y, contra la opinión de Hortensia baja a cenar. Se sentiría deshonrada si no luciera el gran escote de uno de sus vestidos más elegantemente livianos que Leroy acaba de enviarle muy especialmente. Después de cenar, se baila. Josefina y Alejandro abren la danza, luego se deslizan al parque para dar un paseo, en una noche demasiado fresca para lucir un vestido tan liviano. Por la noche aumenta la fiebre. Eugenio tiene pocas esperanzas y escribe a Augusta, su mujer, diciéndole que Josefina esta muy enferma desde hace dos días, y a pesar de que el médico piensa que no es más que un catarro, él no ve a su madre nada bien. La voz de Josefina es apagada, su palabra breve, su pulso débil e irregular. El 27 de mayo su estado parece mejorar, pero es sólo una mejoría pasajera. En efecto, Horeau advierte con inquietud que la garganta enrojece y la fiebre se hace altísima.

A despecho de todos los remedios utilizados, el 28 por la mañana da pena ver a Josefina; su rostro tiene facciones afiladas, su respiración no es más que un doloroso silbido y su pulso es casi imperceptible. No hay nada que esperar. Hortensia quiere avisar al zar para que no venga a la cena a que ha sido invitado, pero Alejandro llega a Malmaison tan temprano que sería desconsiderado pedirle que se retirara. Únicamente se ponen de acuerdo en ocultar su presencia a Josefina para que no se atormente pensando que no se le recibe como corresponde. Hortensia no abandona a su madre en todo el día. A la hora de la cena, la reina baja. No está demasiado preocupada, pues los médicos pretenden que ese catarro no es nada. Temen decirle la verdad. Al terminar la comida, se despide de Alejandro y vuelve donde Josefina. Hortensia, que organiza el servicio de tal modo que Josefina esté acompañada toda la noche, se queda hasta muy tarde a su cabecera. Su médico la obliga sin embargo a ir a descansar un rato, pero no logra conciliar el sueño. Varias veces se levanta para ir a la habitación de Josefina, contigua a la suya, en el primer piso del castillo. Su doncella, que acude a su encuentro, la tranquiliza: Su Majestad está tranquila; no parece sufrir.

Al día siguiente se abren las cortinas de Malmaison para que la luz del amanecer entre en la habitación de la Emperatriz. Una tenue niebla difumina el jardín y da cierto misterio al paisaje mientras el sol va apareciendo. Una luz macilenta penetra progresivamente en la pieza donde reposa Josefina. Parece apagado el oro de los bordados. Eugenio y Hortensia entran en la habitación de su madre y se detienen estupefactos, sorprendidos por la alteración de sus rasgos. A la vista de sus hijos, Josefina tiende los brazos y articula algunas palabras incomprensibles. Hortensia no puede dominar su desesperación y Eugenio anuncia que van a traer los sacramentos. Poco después, los dos hermanos se van a oír misa y a pedir por la vida que les es tan preciada. A las once, Hortensia sube junto a su madre para hablarle con calma del sacramento que va a recibir, pero la congoja le impide hablar.

Josefina muere el 29 de mayo de 1814, en los brazos de su hijo Eugenio. Su muerte será llorada por todos los que la conocieron y principalmente por aquellos que la rodearon en estos últimos momentos. Sus hijos experimentan un gran vacio, pues todo lo que tienen se lo debían a ella. Eugenio será el encargado de informar al depuesto Napoleón, desterrado en la isla de Elba, de la muerte de la Emperatriz.

# BIBLIOGRAFÍA

BACZHO, B.: *Comment sortir de la Terreur. Thermidor et la Révolution,* París, Gallimard, 1989.

BOURQUIN, M.-H.: *Monsieur et Madame Tallien,* París, 1987.

BREDIN, J. D.: *Sieyès, la clé de la révolution française,* Fallois, 1988.

CASTELOT, A.: *Bonaparte,* Librairie Perrin, 1969.

CHEVALIER, B.; CATINAT, M., y PINCEMAILLE, Ch.: *Impératrice Joséphine. Correspondance (1782-1814),* Histoire Payot, Ed. Payot et Rivages, 1996.

DUFRAISSE, R.: *Napoléon,* París, P.U.F., 1987.

ERICKSON, C., *Joséphine de Beauharnais,* París, Grasset, 2000.

GAVOTY, A.: *Les amoureux de l'impératrice Joséphine,* París, Arthème Fayard, 1961.

GODECHOT, J.: *La vie quotidienne en France sous le Directoire,* París, Hachette, 1977.

LENTZ, T.: *Le 18 Brumaire,* París, Jean Picollec, 1997.

LEFEVBRE, G.: *La France du Directoire,* publicado por J. Suratteau (nueva edición, 1983).

MADELIN, L.: *Joseph Fouché,* París, Plon, 1923.

SOLET, B.: *Robespierre, une passion,* París, Messidor, 1989.

TULARD, J.: *Lettres d'amour à Joséphine,* París, Fayard, 1981.

WORONOFF, D.: *La République bourgeoise de Thermidor à Brumaire (1794-1799),* París, Le Seuil, 1972.